今夜、コレを試します

OL桃子のオモチャ日記

桃子
momoko

ブックマン社

もくじ

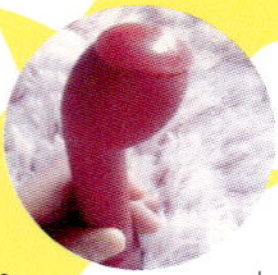

プロローグ

はじめまして、桃子です。

桃子は地方都市の出身です。ある日、家族でドライブ中に「おとなのオモチャ」という看板を見つけた桃子。「おとなはどんなオモチャで遊ぶの？」と無邪気に問いかけると、母は「おかあさんはオモチャでは遊ばないから、よく知らないな」と答えてくれました。おそらくほんとうのことを言ってくれていたんでしょうね。〝おとなのオモチャ〟の代表格であるバイブレーターを夜ごと試し、その感想をブログにつづる——自分にそんな未来が待っているとは夢にも思っていない、10歳のころのお話です。

2009年9月、桃子はブログ「桃子のおもちゃDIARY～今夜、コレを試します～」(http://blog.livedoor.jp/momoco_omocha/) をオープンしました。

桃子には、3年前からおつきあいをしているカレシがいます。海外出張が多い人なので会う頻度は少ないけど、桃子はサミシくありません。ふたりでいるときはすっごく仲がいいし、会えない時間があるからこそHも盛り上がる。いまだにお互い新鮮な

気持ちでいられるから、こういう関係も悪くないって感じているんです。
一方で、桃子はひとりの時間も大切にしています。そう、バイブをじっくりと楽しむの。カレシがいるならバイブはいらないのでは？と思う人も多いでしょう、でも、それとこれはまったく別モノ。自分のカラダの欲求に素直になり、思いどおりの快感に身を委ねるってとてもステキな体験。すべての女の子に経験してほしいことです。
実は桃子、カレシと会った翌日にもバイブ遊びをします。物足りなかったからではなくて、楽しかった一夜を思い出し反芻したいから。だから桃子にとってバイブ遊びの時間はいつもハッピー！　確実にエクスタシーを得られるし、満ち足りたまま眠りにつけるし、女性であることの幸せを噛みしめられる、充実したひとときなのです。

初めてパソコンでネットショップを覗いたとき、世のなかにはこんなにたくさんのバイブがあるんだと驚きました。カラフルで、形もユニーク！　ふいに子どものころ好きだった、プラスチック製のアクセサリーを思い出しました。指輪やネックレス、両親にねだっては買ってもらったなぁ。色とりどりのバイブは、それと同じようにキラキラして見えたんです。バイブをコレクションしようと決めたのはそのときでした。
しかも日本製だけではなく、海外製のバイブが多いことにも気づきました。アメリ

カ、オランダ、ドイツ……。世界中の女性がバイブで楽しんでいるんだ、快感を求める気持ちに国境はない！と、励まされた気持ちになったことを覚えています。

バイブが生まれたのは、中世ヨーロッパ。当時は女性がヒステリーを起こす＝欲求不満であると考えられていて、それを解消するための道具としてバイブが開発されたとか。すごい偏見！　でもこの考えはまったくの思い違いではないのかも。カラダが満たされると、ココロも元気になりますよね。桃子は夜ごとそれを実感しています。

イマジネーションを自由に広げて官能の世界に浸りながら、カラダを解放させて、ただバイブが与えてくれる快感に集中するひととき。振動音と、自分の吐息と濡れた音だけが聞こえる部屋でうねりに合わせてひとり腰を動かしていると、頭のなかが真っ白になって、彼に会えないさみしさも、会社であったイヤなことも、すべて忘れられる……。やがて訪れる絶頂。大きな波に一瞬でさらわれたような感覚。息苦しいけど幸福で、自分がどうにかなってしまいそうでコワいけど、もうどうにでもしてっていうほど、気持ちいい。そんな強烈な快感を迎えるたびに、桃子はほんの少し生まれ変わったような、不思議な思いで満たされるの。

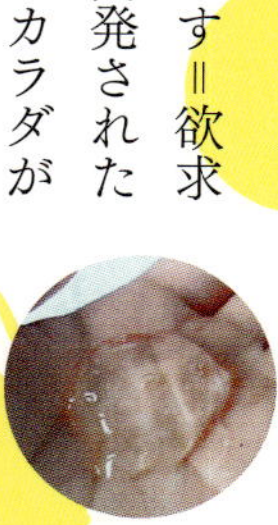

つまり桃子にとってバイブ遊びとは、自分のカラダの内側で起こる快感と向き合うことで、カラダの外にあるもの――雑多な日常から、つかの間、自分を解き放つ行為なのかもしれません。ちょっと大げさかな。でも、バイブが単に肉体的な欲求を満たすためだけの道具ではなく、ココロにもプラスの作用をもたらすことはたしかです。

理想は心身ともにハッピーになれるバイブ！　それを探し求めているうちに、桃子のコレクションは増えていきました。そして50本を超えたとき、こんなに楽しいことを自分ひとりの胸に秘めておくのはもったいないと感じ、「バイブの魅力を知ってもらいたい！」という気持ちからブログを始めることにしたのです。

ブログを開設して以来、桃子も驚くほどのアクセスがありました。男性が中心ですが、メッセージやコメントで女の子が質問を寄せてくれることもあります。もっとも多いのが「どこで買えばいいの？」「初めてのバイブはなにを買えばいいの？」という質問です。みんな、最初の一歩を踏み出せないんだ……。これは、桃子にとって大きな発見でした。おもしろそうだけど、ちょっと不安。彼女たちの背中を押したい。自分の好きなときに、好きなように快感を得られる――そんなステキな時間を過ごす

ためのパートナーとして、バイブをもっと活用してほしい、と強く思いました。

一方、バイブにネガティブな印象をもつ女の子がいることもわかりました。「道具を使ってまでひとりHするなんて、イケないことなんじゃないか」「使いたいと言ったらカレシに軽蔑されそう」「使いすぎるとアソコがゆるくなるのでは」……。そんな心配はまったくのナンセンス！

バイブで欲求を解放させると心身のリフレッシュになることを、毎晩バイブ遊びに励む桃子の姿をとおして知ってほしい。それに、バイブ遊びを続けるうちに、桃子のカラダはとても敏感になったんです。わずかな刺激でも官能のスイッチが入るし、エクスタシーも以前より深く、長いものになったの。そして、ゆるくなるどころか、ぎゅっとやさしく、でも強く締めつけるテクが身についたようで、カレシとのHでも大いに発揮しています。彼も「スゴイよ」って悦んでくれるし、桃子はとても幸せ♥

女の子がバイブを使うことで、結果的にふたりで気持ちよくなれるんだもん。イヤがる男性のほうがどうかしてる！　バイブ遊びって、いいことだらけなんだから。

と言いつつも、桃子はバイブのことをカレシに内緒にしています。だから、バイブ

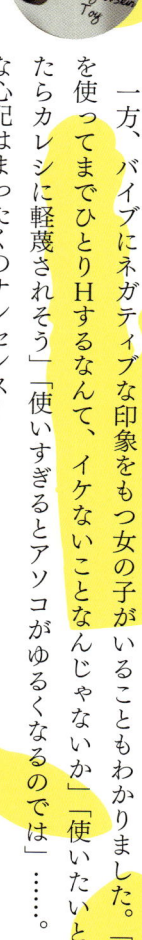

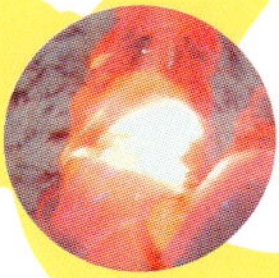

遊び＝感度を上げたり締まりをよくするための自主トレみたいなもの、とも思っています。いまはひとりでいろんなバイブを試し、極めることに夢中なの。いつかはカレシとふたりで、一晩中でもバイブ遊びに没頭したいなという夢を描きつつ、ね。

本書では、桃子が２０１０年7月半ばまで試したバイブから、選りすぐりのものを紹介しています。絶賛するときもあれば辛口になるときもあるけど、すべて実際に試したからこその本音です。バイブがあったからこそ出会えた、ココロとカラダのハッピーのおすそ分け。カノジョに使いたい男性も、ひとりで遊びたい女の子も、バイブ選び&遊びの参考にしてください。そしてこの本が、女の子のカラダ、ココロ、エッチな気持ちと向き合うきっかけになってくれたら、桃子はとても幸せに思います。

２０１０年8月　桃子

［本書の説明・おことわり］

本書は、著者のプライベートブログ
『桃子のおもちゃDIARY～今夜、コレを試します～』
（http://blog.livedoor.jp/momoco_omocha/）
をもとに、本書オリジナルの原稿で編集したものです。

本書で紹介しているアイテムは、著者がプライベートで集めたものであり、
そのラインナップ、また使用感などは、あくまでも著者個人に由来します。

本書で紹介しているアイテムの情報（サイズ、素材、生産国、機能など）は、
各アイテムのパッケージに書かれた表示内容に基づいていますが、
一部著者および編集部が独自に調べた情報も含まれます。

本書で紹介しているアイテムの情報は、
著者がアイテムを手にした当時のものであり、
その後アイテムの内容に変更、
あるいはアイテム自体が廃番になっている可能性があります。

本書で紹介しているアイテムに関しての購入および使用上のトラブルは、
当社では一切の責任を負いかねます。

ブックマン社 編集部

第1章 初めてのバイブ選び

カノジョと一緒にバイブを使って、その乱れる姿を見たいと思っている男性、
バイブで気持ちよくなりたいと思っている女の子。
どちらもたくさんいると思うけど、初体験ってドキドキしちゃいますよね。
期待が半分、不安が半分――桃子もそうでした。

桃子のファーストバイブは、ラブホテルでカレシに買ってもらった1本。
痛くないかな？ 本当に気持ちいいのかな？
もしかしたら、すっごく感じちゃうのかも。ハマッちゃったらどうしよう。
いろんな思いが胸のなかでうずまいて、
はしゃいでるのに、緊張もしていて、ちょっと挙動不審だったかも。
でもカレシがやさしく「力を抜いて」って耳もとでささやいてくれたから
無事にファーストバイブを体内に迎え入れることができたのです。
まずはクリバイブの振動にびっくり。
このときまでローターも使ったことがなくて、初めての刺激に衝撃を受けました。
感じたくなくても、感じちゃう。
この瞬間に「桃子、これナシではいられないカラダになっちゃうかも」と

〝バイブ依存症〟になる日々を予想できてしまいました。
襞を震わせるサオ、ゆっくり回転するパール……。
次から次へと押しよせる初めての快感の連続に、頭のなかが真っ白！
シーツに染みを作るほど濡れたのも初めてなら、
あんなにはしたない声をあげたのも初めて。
我を忘れるほど乱れてしまったのはとても恥ずかしかったけど、
でもカレシがやさしく見守ってくれていたから、幸せなひとときでした。
絶頂を迎えるころには「バイブが好き！」って心から思えたんです。

男性がカノジョに使う場合でも、女の子が自分に使う場合でも、
最初の1本は無理のないサイズを選んでね。
不安があると、女の子のカラダは感じることができません。
できれば見た目も、かわいいのがいいな。
そのほうが、軽い気持ちで受け入れやすいから。
準備ができたら、あとはリラックスしてバイブを受け入れるだけ。
エッチで楽しい、バイブ遊びの世界のトビラを開いてください。

桃子のカラダに
するっと入って……
初めてなのに
乱れちゃった♥

01 ソフィア

桃子の満足指数

総合	●●●○○
大きさ	●●●●○
形	●●●●○
感触	●●●○○
動き	●●●●○
使いやすさ	●●●○○

いまはもっぱら、ひとりでバイブ遊びを楽しむ桃子ですが、**バイブ〝初体験〟はカレシと一緒のときでした。**ふたりともほろ酔い加減で入ったラブホテル。おもちゃが入った自販機なんてそれまで気にしたこともなかったのに、その夜はやたらと目がいっちゃって、でも恥ずかしくて自分からは言いだせなかったな。だから**「買ってみる？」って彼が言ってくれたときはドキッ**としちゃった。こうして桃子のファーストバイブとなったのが「ソフィア」です。

何十本というバイブを試したいま振り返っても、これはいい選択だったと思います。**スリムで、カリが張っていない滑らかなフォルム。**初めての桃子でも、するりとスムーズに受け入れることができました。それでいながら、力強い振動のクリバイブや、サオのスイングといったスタンダードな機能もしっかり付いています。

クリトリスをバイブレーションで思いきり揺さぶられ、中をぐるぐるとかき回され……。生身の男性では不可能な初めての刺激に、桃子は激しく乱れてしまいました。

はしたないって思われないかな？という不安が胸をよぎったけど、自分で自分を止められなかった。でもうれしいことに、カレシもそんな桃子を見て興奮してくれたみたい。**その後にふたりで繋がったときは、いつもよりカレシのモノを熱く感じたことを覚えています。**

ふたりとも淫らで、それでいながらお互いの愛情を強く感じたあの夜を思い出したいときは、クローゼットからこのバイブを取り出します。初々しい気持ちを取り戻せるし、満足感も格別。長いおつきあいになりそうな1本です。

バイブ選びでいちばん気になるのは、**大きさ**ですよね。バイブに慣れてる桃子でもそうなんだから、ビギナーちゃんにとっては特に重要。ほどよい大きさは人によって違うけど、**一般的な日本の女の子には、**この「天まで昇れ！」ぐらいが**ちょうどいいサイズ**じゃないかな？

クリバイブが、世界一有名なあのネズミにそっくりなのもご愛嬌。**長い舌で愛撫してくれますが、硬すぎずやわらかすぎず、強すぎず弱すぎずといった適度な刺激です。**じわーっと気持ちよくなって、でもイクほどではない、そんな時間をクリで味わいつくした後に、ゆっくり挿入します。大きいバイブだと、最初は〝はさまってる〟って感じで、いまひとつ気持ちよくないんだけど、このサイズなら奥へと進めるうちに、どんどん気持ちよくなっちゃう。根元までだって、すんなりのみ込めます。

そして試してほしいのが、**パール！**　パールに抵抗のある女の子は多いし、桃子も実は少し苦手でした。でも、このくらいの量、大きさなら恐れる必要はナシ！　**ゆっくりとしたスピードで動かせば、襞をとおして〝心地いい異物感〟が伝わってきてうっとりとしてしまいます。**これってビギナーちゃんだけにおすすめするのはもったいない。中級者以上でも満足させてくれる、実力の持ち主ってことですね。

桃子の満足指数

総合	●●●●○
大きさ	●●●●○
形	●●●●○
感触	●●●○○
動き	●●●○○
使いやすさ	●●●●○

02 天まで昇れ!(玉宝入り)

パール・デビューは小さめバイブから

GODDESS SELFISH 03

電動歯ブラシ感覚でクリと入り口をたっぷり刺激

電動歯ブラシをおもちゃ代わりにしている女の子って実は多いみたいです。「指じゃ物足りない」「でもおもちゃを買うのは恥ずかしい」というジレンマを解消するのに、たしかに電動歯ブラシは適役かも。ちょうどいい振動ですよね。そんな女の子たちに、次のステップとしてトライしてほしいのが「GODDESS SELFISH」。まさに**電動歯ブラシのような本体に、アタッチメントを付け替えて楽しむこのバイブ**。3種類のアタッチメントがとてもユニークなのです。

ゲジゲジしたのと、不思議な海洋生物のような形をしたアタッチメントは、**クリトリスを刺激するのに最適**。まずはどちらでも好みのほうでお豆を刺激して準備運動するのが、桃子のおすすめです。本体が握りやすい形状なので、しっかり**ピンポイントであてられる**のも、このバイブの長所かな。じんわり濡れてきたら、イボイボがついて鉤型《かぎ》にくいっと曲がったアタッチメントの出番。深く挿入するのは難しいけど、**入り口やGスポット周辺などを探ると、新しい性感帯を発見できちゃうかも！**

太くて刺激が強い本格的なバイブを試す前に、まずはこんな遊び心にあふれたおもちゃで慣れておくのもいいですね。後に買うのがクリバイブの付いてない1本タイプのバイブなら、一緒に使うこともできて、活躍の幅は広いですよ。

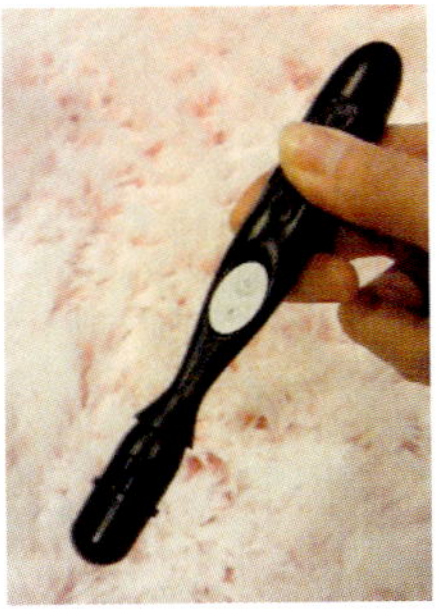

桃子の満足指数

総合	●●●○○
大きさ	●○○○○
形	●●●○○
感触	●●●○○
動き	●●●●○
使いやすさ	●●●●○

一本多助　04

中派の女の子は
初めからちょっと過激に

欲張りな桃子は、基本的には中も外も楽しめるクリバイブ付きを選ぶことが多いですが、興味を惹かれるものがあれば1本タイプも買います。クリ派ではなく**中派と自覚している女の子には「一本多助」がおすすめ！**　シンプルに見えて、ヴーンって振動するバイブレーション機能と、サオの部分がうねるように回転するスイング機能の両方が付いた**多機能派**です。もちろんそれぞれ強弱や回転方向の調整は可能。慣れてきたらスイング機能を〝強〟にしてみて。根元から回転するので中で暴れているような強烈な感覚にノックダウンされます。**いつもより過激な想像をしながら使うと、快感も倍増かも!?**

桃子の満足指数

総合	●●●○○
大きさ	●●●●○
形	●●●●○
感触	●●●○○
動き	●●●●○
使いやすさ	●●●○○

05 ビーンズピット

極細バイブでねぇ、乳首も触って……

女の子には敏感な性感帯がいっぱいあるんだから、バイブレーターも下半身だけじゃなくて、いろんなところに活用したいですよね。極細バイブ「ビーンズピット」で**攻めたいのは、ズバリ乳首。**カレシにいつも「触って」っておねだりしちゃうほど、**桃子は感じやすいの。**先端にたっぷりローションをつけて、**胸の先端に押しあてると……うぅん、よすぎるかも♥** ローションがちょうどクッションになって、振動がやわやわと伝わってくるから、とても気持ちいい。〝ビーンズ〟と名乗っているだけあって、お豆を刺激するにもイイ！ 乳首とクリを交互に刺激しているうちに、桃子の下半身は大洪水になってしまいました。

桃子の満足指数

総合	●●●○○
大きさ	●●●●○
形	●●●○○
感触	●●●○○
動き	●●○○○
使いやすさ	●●●○○

Paw Pit《ポウ ピット》 06

男性が女の子に初めてバイブを使いたいなって思ったとき、「Paw Pit」のような**和み系**はいかがですか？ 大きさも手ごろだし、なにより**先端がネコの足**の形になっているのがポイント。ネコちゃんみたいにふたりでゴロニャンとイチャイチャしながら、冗談っぽく持ち出せば、カノジョも思わず許してくれそうです。もちろんバイブとしての機能も十分。肉球部分をクリにやさしくあてると、**カノジョから「もっと……」って猫なで声でおねだり**されちゃうかも。それに応えてぐりぐりと強めに押しつけても、この肉球は弾力があるので心配ありません。**防水加工だからお風呂でじゃれ合うのにもぴったり！**

桃子の満足指数

総合	3/5
大きさ	4/5
形	4/5
感触	4/5
動き	3/5
使いやすさ	3/5

07 ジーモア

まだバイブ経験どころか性体験も少なかったころ、「Gスポットってどこ？」と思っていた時期が桃子にもありました。ことばは知っていても、場所がよくわからなかったんですね。その後、桃子は自然に覚えたんだけど、同じように悩んでいる子がいたら「ジーモア」をおすすめしたいな。ビギナーちゃんにうれしい小ぶりサイズで、挿入に抵抗感はナシ。くいっと曲がった先端で、Gスポットの場所を探します。「ここ？　もうちょっと上かな？」とあちこちを擦っているうちに、ジュースもたっぷり出てくるはず。肝心のGスポットの場所がわかったら、じんわりと押しあてて。きっと新しい快感に出会えるから！

桃子の満足指数

総合	●●●○○
大きさ	●●●●○
形	●●●●○
感触	●●●○○
動き	●●●○○
使いやすさ	●●●○○

愛されタイプは小さくてもパワフル

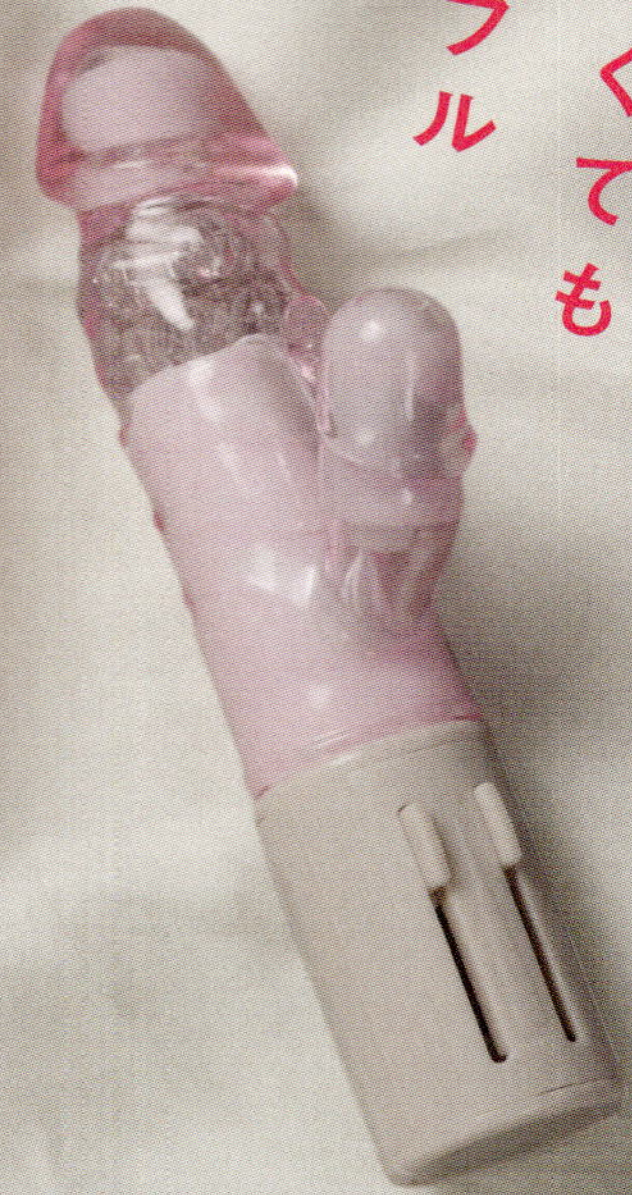

某アダルトショップの売り上げランキングで**常にベスト3入り**を果たしている「ポコチン君4号」ですが、桃子も**"これを嫌いな女子はいない！"**と断言しちゃいます。挿入部の長さがちょうど中指と同じぐらいで、クリバイブは親指サイズ。**抵抗感をまったく感じさせない小さなボディとは裏腹に、電源を入れると結構パワフル**なんです。カリがふっくらと張り出しているから、手でピストンしても楽しめます。さすが、ベスト3キープの実力はダテじゃないなぁ。

桃子の満足指数

総合	●●●●○
大きさ	●●●●○
形	●●●●○
感触	●●●●○
動き	●●●●○
使いやすさ	●●●○○

09 サンフラワー

クリにピタッと かぶさる かわいいヒマワリ

クリバイブの形って実にさまざま。かわいいモチーフなら購入の動機にもなります。でも**やっぱり重視したいのは気持ちよさ！**「サンフラワー」のクリバイブはヒマワリのお花の形でとってもキュートだけど、それだけじゃありません。これをクリトリスにぴったりかぶせるようにして使うんです。バイブ機能をONにすると、**下半身の力が抜けていくような、おしっこをガマンしているような……**クリトリス特有の快感に浸れますよ。

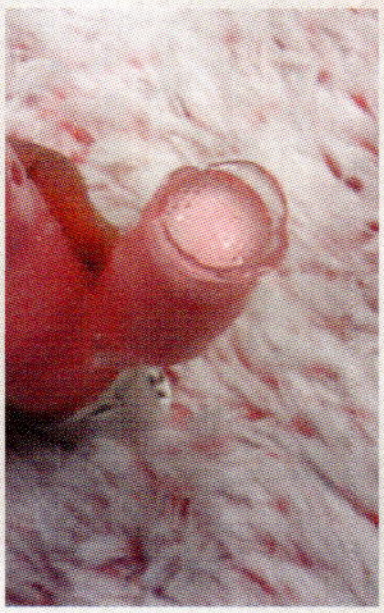

桃子の満足指数

総合	●●●○○
大きさ	●●●●●
形	●●●●●
感触	●●●○○
動き	●●○○○
使いやすさ	●●●○○

column 1

ひとりHのおかず

バイブ遊びに欠かせないのが、イマジネーション。頭のなかに思いきりエッチなストーリーを広げて、その世界に没頭します。ときには、本や映像の力を借りることも。活字であれ視覚的なものであれ、非現実的な世界を夢想できる官能作品は大好き。より上質の快感を得るために、作品選びにも余念がない桃子です。

●おかず① 卑猥で美しい官能小説の世界

13歳のある日、母親の書棚から1冊の文芸作品を手に取った桃子。官能小説ではないものの濡れ場があり、心臓が跳ねあがるほど興奮してしまいました。子どものころから本が好きでよく読んでいたけど、こんな描写は初めて。そしてそこに描かれた自慰シーンからヒントを得て、こっそり自分の脚のあいだに手をのばし……。官能的な文章の魅力にも、ひとり遊びの気持ちよさにも、同時に〝目覚め〟た瞬間でした。

そんな早熟な少女時代を経て、桃子はすっかり官能小説好きに成長。文字からの情報だけなのに、視覚や聴覚など五感が刺激され、自分なりの官能ワールドをふくらませやすいのが、いちばんの魅力だと思っています。たとえば登場人物の喘ぎ声だって、10人が読めば10とおりの妄想が生まれます。そして特に好きなのが、独特のことば使い。「花芯」「秘壺」「肉杭」「淫蜜」……卑猥だけど、美しい。こんな表現を見るだけで、カラダがほてってくるのです。

作家では、藍川京さんが好き。和装の似合うしとやかな女性が主人公の作品が多くて、情緒にあふれています。そんな女性たちが肉欲に溺れるというギャップ。上品な表現だからこそ淫靡さが際立ちます。成熟した女性ならではのエロスに触発されて、バイブを動かす手もつい激しくなってしまうんですよ。

●おかず② マンガは女の子の表情を重視

マンガは現実の世界では難しい、過激なシチュエーションが成り立つジャンルなので、好きな人も多いと思います。ありえないほど大きなオッパイとかね（笑）。でも桃子は、あまりにも現実離れしたものだと気分がノらないかな。

反対に好きなのは、女の子がかわいく描かれていて、ストーリー性が高いもの。春輝さんの作品はそんな桃子の好みにぴったりです。女の子の表情がいいんですよね。恥じらいがあってせつなげで、同性の桃子でさえ、見ていて愛おしくなってくる。彼女たちの快感がこちらにも伝わってくるようで、ページをめくるたびに熱い吐息が桃子の口から漏れちゃうの。

●おかず③ 映画のワンシーンにドキドキ

いわゆるAVにはあまり興味がないんだけど、映画のなかで描かれる官能的なシーンにはドキドキします。中高生のころレンタルで観た『ベティ・ブルー／愛と激情の日々』『ラスト・タンゴ・イン・パリ』『愛のコリーダ』といった名作の、大胆なベッドシーンとか。ほかにも、『ジョゼと虎と魚たち』の冒頭で、妻夫木聡さん演じる主人公が同級生らしい女の子とセックスするシーンは、すごいリアルで、観ているこちらが赤面。まるで友だちのHを覗き見しているみたいで、欲情を刺激されました。

第2章 カラダがバイブに慣れてきたら

バイブ初体験でいきなり強烈な快感を味わってしまった桃子は、
少しずつバイブを買い集めるようになりました。
世のなかには、ほんとうにいろんなバイブがあるんですね。
大きさ、色、形、機能……。
日本だけでなく海外でも個性的なものがたくさん作られているから
目移りして困っちゃう！

桃子のように何十本も試す必要はないけど、
いろんなタイプのものを使ってみて
自分がいちばん気持ちよくなれる1本を探すのは、とても楽しい作業だと思います。
太いほうがイイ？　それともスリム派？
クリバイブ付きで中も外も気持ちよくなれるのがいいのか、
挿入してじっと中の快感に集中できる1本タイプがいいのか。
回転するパールでイキたいという人もいれば、
スイングでサオ自体がうねるのを感じたい人もいるし、
振動するサオを自分の手で出し入れするのが

いちばん気持ちいいという人もいるでしょう。
振動のバリエーションが何種類もそろっているバイブじゃないと満足できない！
っていう女の子もいるかもしれません。

桃子の好みは……実は、その日によって変わります。
仕事で疲れて帰った夜は、激しい刺激を求めちゃうの。
だから手に取るのは、
サオがゴツゴツしていて、中をワイルドに擦ってくれるタイプ。
週末などゆったりした気分のときは、
ゆるゆると長く楽しみたいから、
小ぶりで振動もそんなに激しくないものを。
パールがついていたりすると、途中で気分転換できるから好き。

好みや気分で、自分の欲しい刺激を選べるのが
バイブの醍醐味ですよね。
思いきりワガママに「これ！」と思えるバイブを探求してください。

ペニスっぽくない形もアリ!?

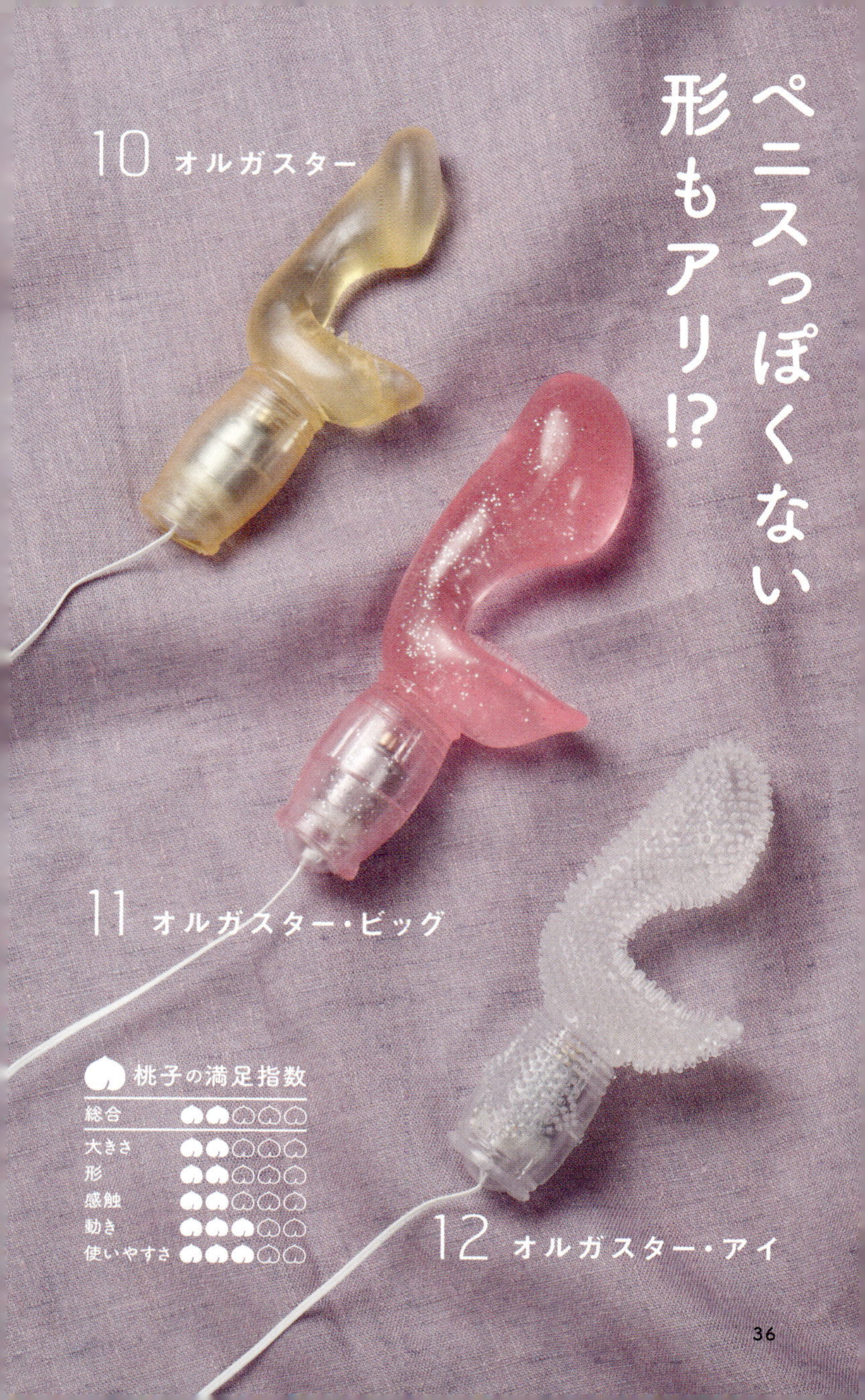

10 オルガスター

11 オルガスター・ビッグ

12 オルガスター・アイ

桃子の満足指数

総合	●●○○○
大きさ	●●○○○
形	●●○○○
感触	●●○○○
動き	●●●○○
使いやすさ	●●●○○

オトナのおもちゃに興味を持っている人であれば、この名前を一度は見聞きしたことがあるんじゃないかな。オリジナルの「オルガスター」に続いて、「オルガスター・ビッグ」「オルガスター・アイ」と**シリーズ化され、類似品も続々と登場している大ヒット商品**です。

この独特の形状は人間工学に基づいて開発されたとか。**亀頭が大きくてサオはきゅっとくびれて細く**なっていますが、これはお楽しみ中に亀頭がするりと抜けるのを防ぐための形だそうです。そして、これまた変わった形のクリバイブ。パッケージでは**クリトリスに吸いつくような感覚を体験できる**とうたっています。

でもね、オリジナルは小さめだから心配ないけど、**亀頭がSサイズの卵ほどもある**「ビッグ」と、**全体がツブツブ**で覆われている「アイ」は、**入れるのが結構大変。**挿入は、深呼吸しながらゆっくりしてみて。完全に入ったら、クリバイブをぎゅっと押しつけます。サオが短いから奥で感じるのは難しいけど、そもそも**クリとGスポットを気持ちよくするための設計なんだし、そこを存分に楽しむのが正解みたい。**

だいたいのバイブは〝疑似ペニス〟として、いかにペニスに近づけるか、ペニスを超えられるかを追究していますが、そんな考えを覆して「ペニスの形じゃなくていいじゃん!」と宣言しているかのようなこのシリーズ。はっきり言って、好き嫌いは別れそう。

奥でも感じたい桃子は、やっぱりペニスっぽいほうが好きだなぁ。とはいえ、支持する女の子が多かったからこそのシリーズ化。一度試してみる価値はアリですよ!

一見、ギョッとするようなフォルムの個性派バイブ。でもその形にこそ理由があるものも多いんです。「マタドールα」もそのひとつ。全体的にいびつだし、あちこちにツブツブとした突起物があるし、極めつけはクリバイブ。**ブラシのような棘がニョキニョキ伸びています。**弾力のある素材とはいえ、**これって痛くないのかな？**と思った桃子ですが、まだまだ見る目が甘かったようですね。**この棘こそが、最大の武器！** 股間全体を覆うようにして、絶妙な強さの振動を届けてくれるんです。花びらが充血してふくらみ、クリトリスが痛いぐらい大きくなるまで夢中になって遊んでしまいました。

「オルガスター」シリーズ（36ページ）と同じく、頭でっかちな亀頭はビギナーちゃんには難しいかも。つまり、バイブに慣れてきた女の子にだけ許されるお楽しみってこと。挿入後にゆっくりスイングさせると**〝すごく大きいのが入ってる〟という異物感が、徐々に快感に変わっていきます。**前後左右、広い範囲に動くけど、スイングの幅を大きくすればいいというものではないよね。自分に合った幅、スピードで楽しんでこそ、そのバイブをほんとうに好きになれると思うな。ボディのツブツブは残念ながらそんなに感じないから、その分、**中でゆっくりうごめく亀頭に気持ちを集中してみてね。**

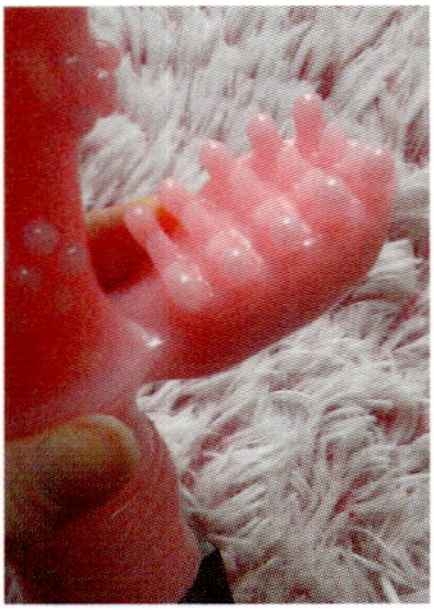

桃子の満足指数

総合	●●●○○
大きさ	●●●○○
形	●●●●○
感触	●●●○○
動き	●●●●○
使いやすさ	●●●○○

13 マタドール α《アルファ》

ごっつい亀頭を
楽しめるのは
中級者の特権♥

カーブドバイブ 14

滑らかな曲線がなんとも官能的な「カーブドバイブ」。**洗練された形で色もきれい**なので、女の子が手に取りやすそう。素材が硬いのが難……と思いがちですが、硬いなりの楽しみ方があるんですよ。**このカーブを活かして股間全体にフィットさせる**んです。そう、ちょうどナプキンをあてがうように。硬い素材のほうが振動はしっかりしているし、それでクリトリスも花びらも一度に刺激すると、甘い快感にほんとウットリしちゃう。これってこのバイブ本来の使い方としては、ちょっとハズレてるかもしれないけど、**自分なりの感じるポイントを見つけて、最大限に気持ちよくなったほうがイイもんね。**

どんなバイブでも自分なりに楽しんじゃうのが桃子流

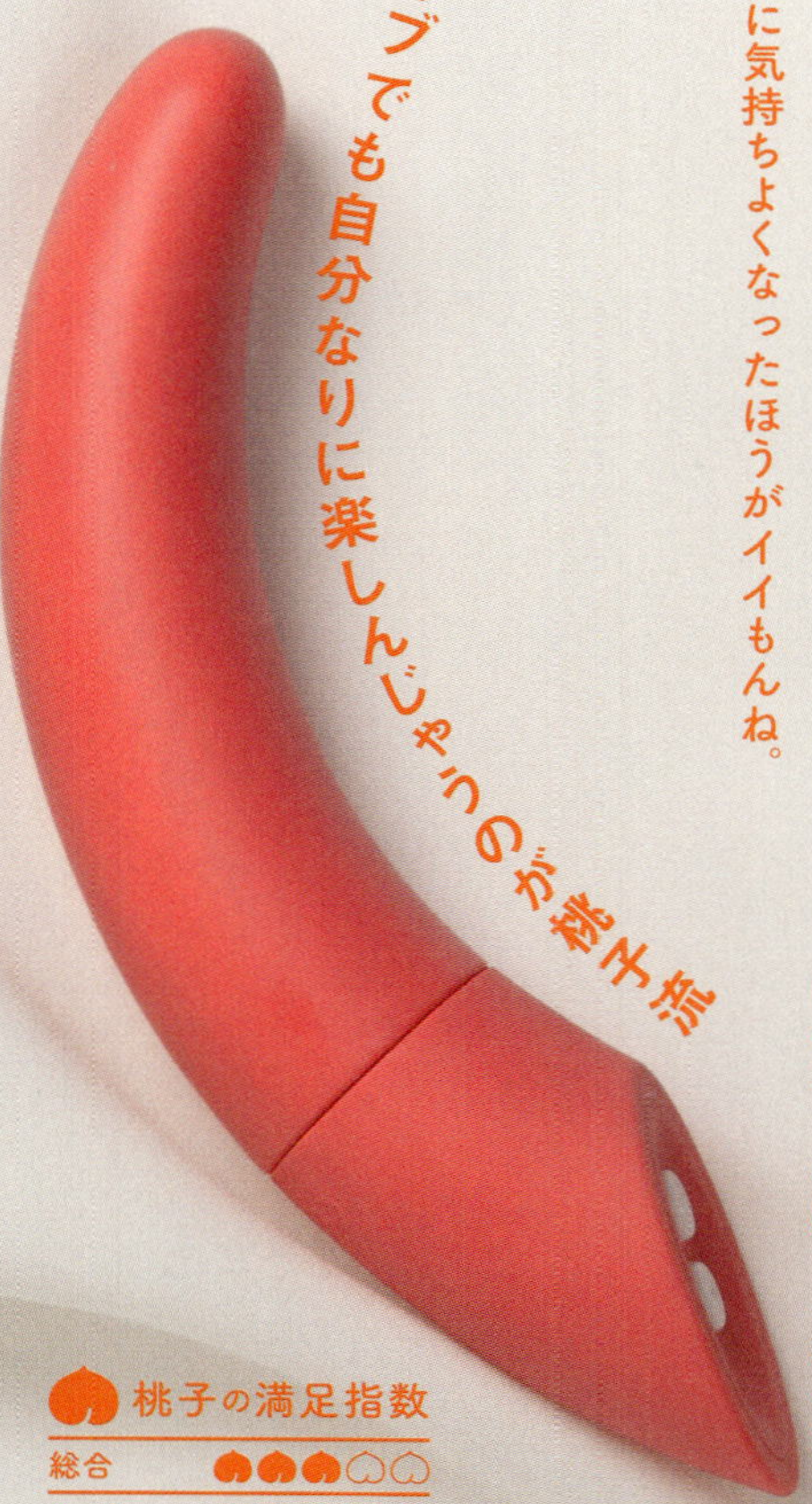

桃子の満足指数

総合	●●●○○
大きさ	●●●●○
形	●●●●○
感触	●●○○○
動き	●●●○○
使いやすさ	●●●○○

15 クリンビー

「クリンビー」のような**黒いバイブって、実際のサイズより大きく見えて**、女の子にはちょっとコワイですよね。でもこのバイブの見せどころは迫力のあるサオではなく、クリバイブ。大きなモーターが入っていて、ヴーンという振動音が頼もしい！ **先端に細かい突起があるから、あてる角度によって振動の伝わり方に変化をつけられるのも◎**です。サオを挿入するのは、クリでめいっぱい楽しんだ後。ジュースがたくさん出れば、受け入れやすくなりますよ。

桃子の満足指数

総合	●●○○○
大きさ	●●●●○
形	●●●○○
感触	●●○○○
動き	●●○○○
使いやすさ	●●●○○

Jack in KATANA＋テンピット2《ツー》　16

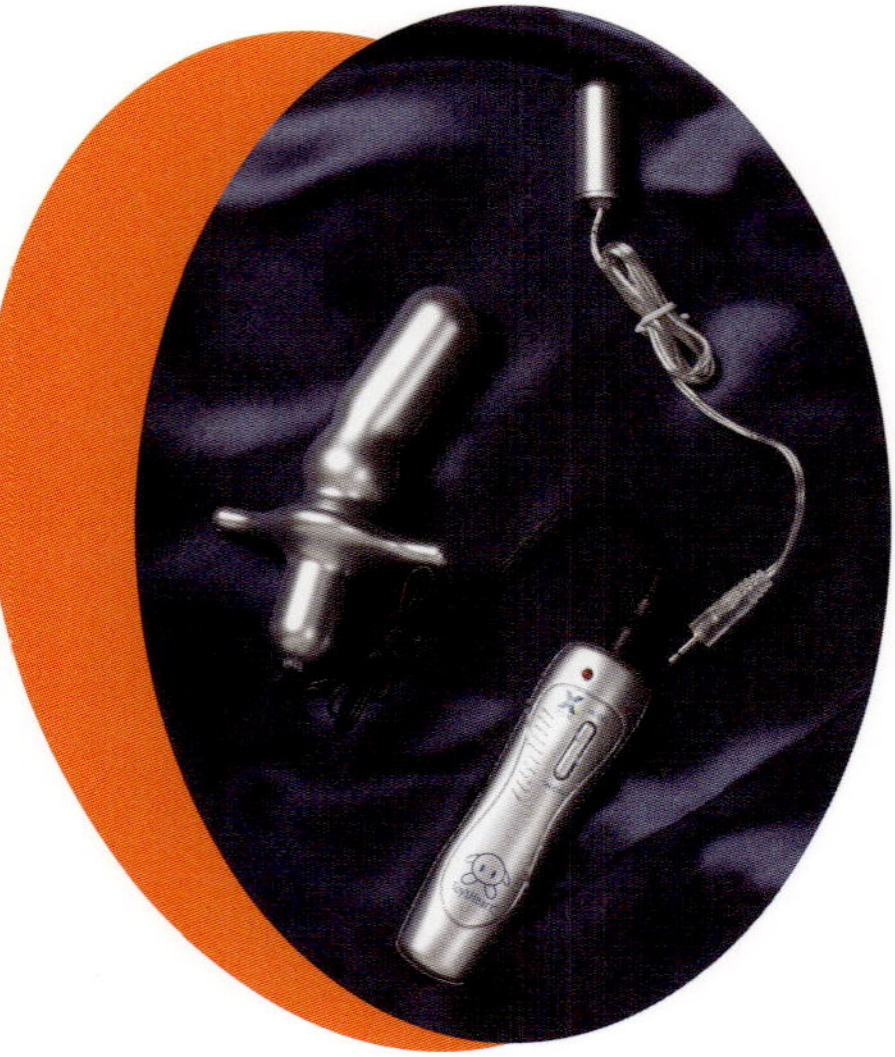

自分仕様にカスタマイズ！

好奇心旺盛なバイブ中級者の女の子にこそ試してほしいのが、これ。コントローラーの「テンピット2」に「Jack in KATANA」などのおもちゃを接続して楽しみます。いちばん感じる形を探すのもよし、10パターンもあるバイブレーションから自分が濡れやすい振動を探してみるのもよし。接続するアイテムはバイブやローター、アナル用までそろっているので、もっと大きなサイズにステップアップしたり、**この際いろいろ試しちゃお♥**

桃子の満足指数

総合	●●●○○
大きさ	●●●●●
形	●●●●○
感触	●●○○○
動き	●●●○○
使いやすさ	●●○○○

17 波動バイブ UNERI 転

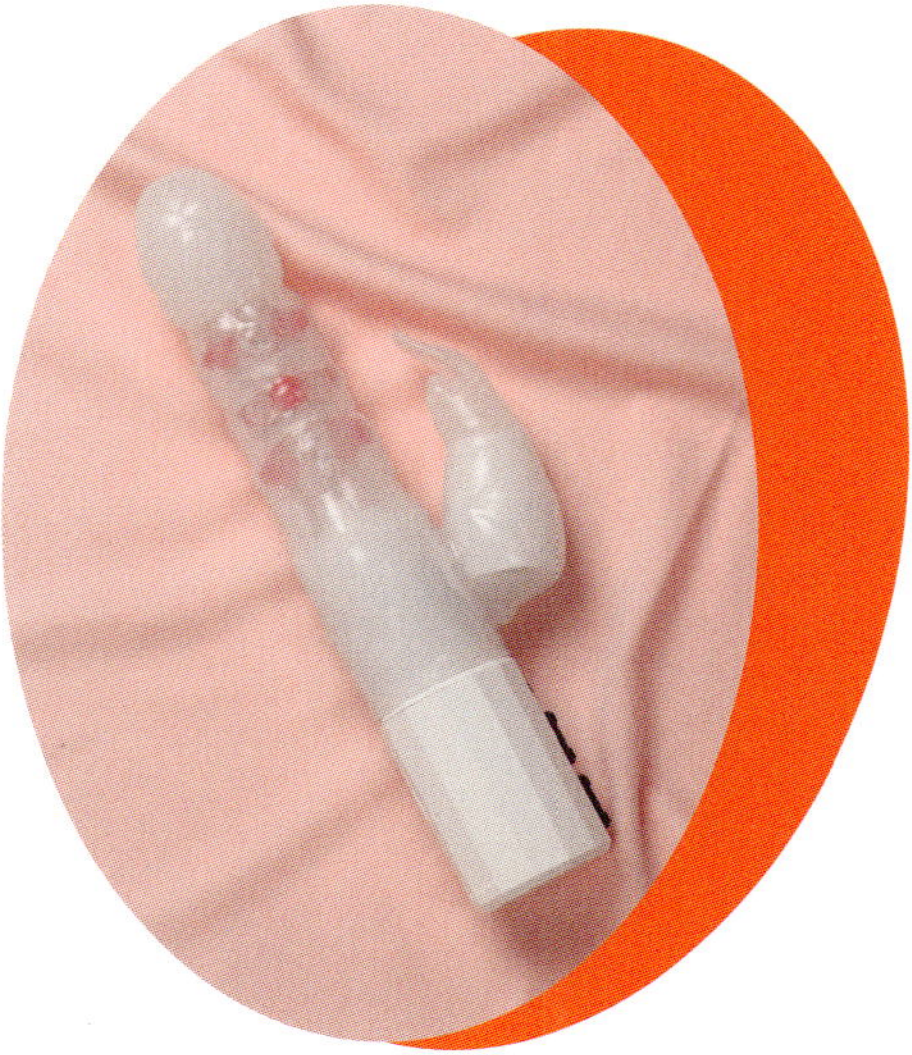

そろそろ太いのが
欲しいな……

小さいので物足りなく感じてきたら、**最大直径4㎝を誇る**「波動バイブUNERI 転」くらいの太さにも挑戦しちゃおう！ ショッピングサイトではバイブがサイズによってジャンル分けされていることが多いですが、4㎝オーバーになると〝極太バイブ〟と呼ばれ、中・上級者向けとして販売されることがほとんどです。しかもこれは**パールが3段入っていて、1段目と3段目が同じ方向に、2段目だけ逆方向に回転**するという、独自機能付き。初めて体験する動きに桃子は「なにがどうなっちゃってるの!?」とうろたえてしまいましたが、複雑な動きに弱い女の子ならきっと楽しめるはず！

桃子の満足指数

総合	●●●○○
大きさ	●●●○○
形	●●●○○
感触	●●●●○
動き	●●●○○
使いやすさ	●●●○○

クロス 18

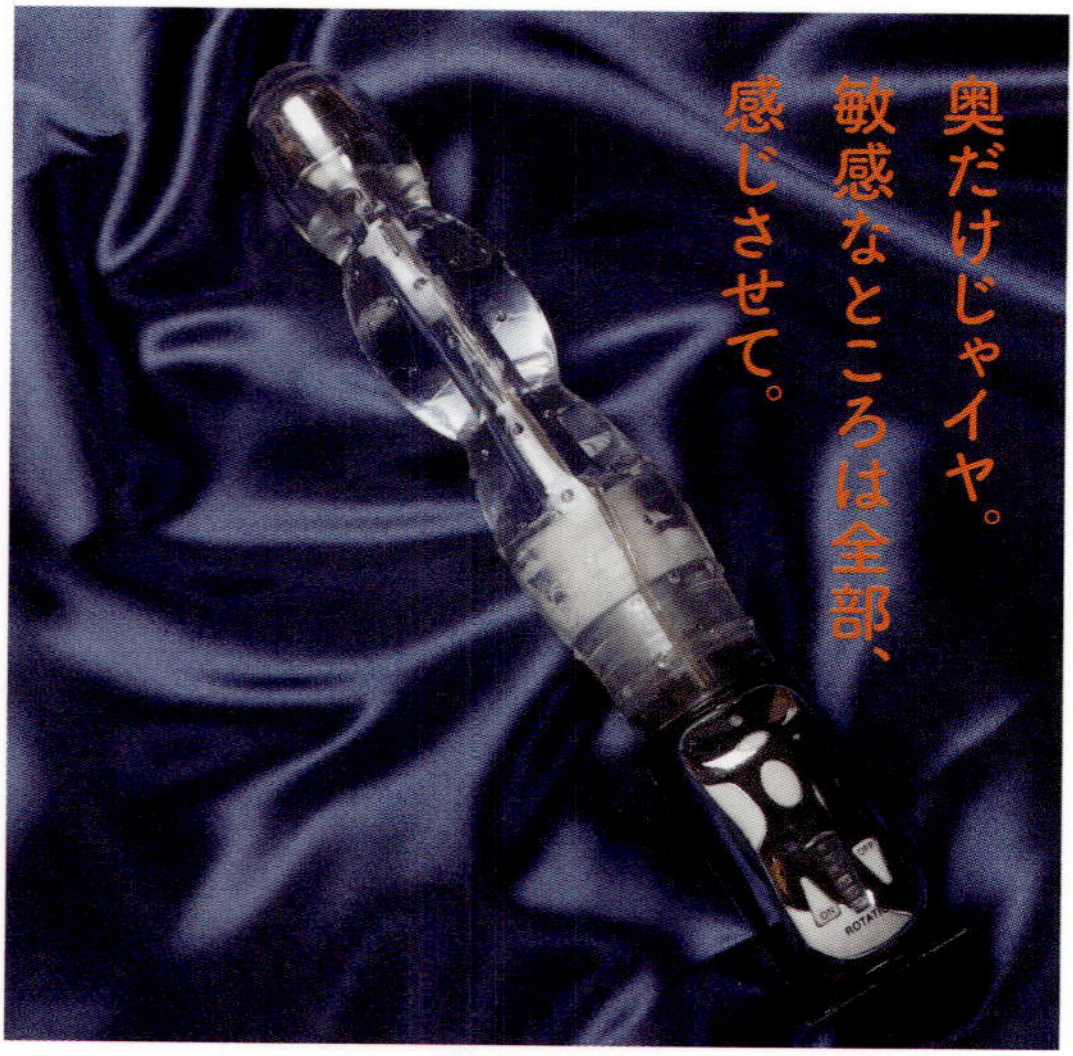
奥だけじゃイヤ。
敏感なところは全部、
感じさせて。

〝亀頭〟にあたる先端に、大きめのモーターが入った「クロス」。**早く奥で感じたくて、一気に挿入……といきたいんですが、**太いうえにきゅっと締まったくびれが2カ所あるため、ゆっくり入れなきゃね。1段目までを入れて軽くスイングさせて、2段目までを入れてまたスイング。そうして奥までのみ込んだら、モーターのスイッチをON！……やだ、なにこれ。**奥深くでずーんと重く響く感じ。**しばらく続けると、桃子の襞が熱を帯びてきました。そのほてりが入り口まで伝わり、クリトリスや花びらにまで。奥だけじゃなくて、桃子の敏感なところ全体が感じちゃうなんて、いい意味で裏切られちゃったな。

桃子の満足指数

総合	●●●●○
大きさ	●●●●○
形	●●●○○
感触	●●●●○
動き	●●●●●
使いやすさ	●●●●○

19 ファンタンゴ②

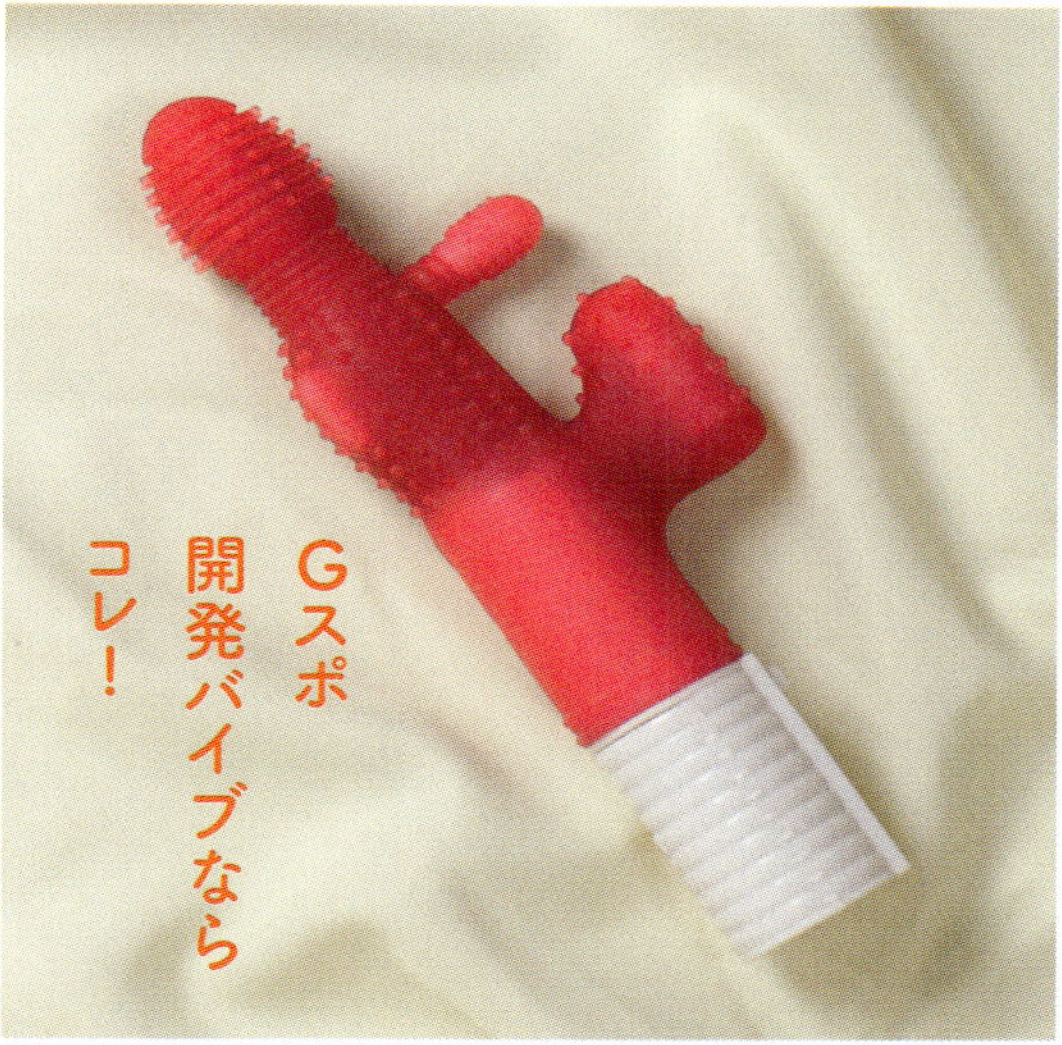

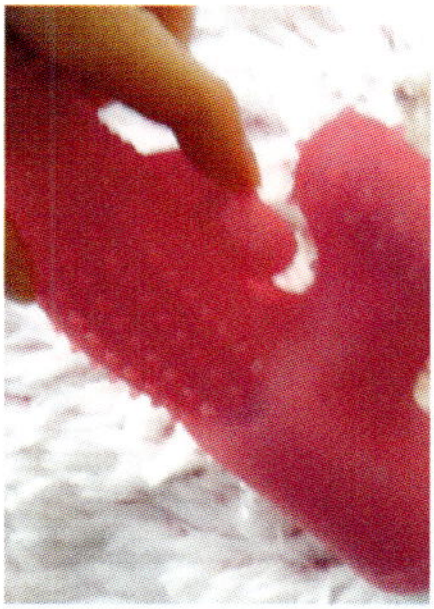

おもちゃ遊びに慣れて、感じる場所がわかってきたら、ピンポイントでその場所にアタックできるバイブに挑戦するのはいかがでしょう。「ファンタンゴ②」が得意なのは**〝Gスポット攻め〟**。サオにある不思議な突起は、側にあるくぼみにスポッと収まるようになっています。そのまま挿入すると、**ちょうど敏感なアソコにぴったりフィットするというわけ。**しかもモーターが入っているので動きが力強い！ Gスポットを開発したい女の子にもおすすめです。

桃子の満足指数

総合	●●●○○
大きさ	●●●○○
形	●●○○○
感触	●●●●○
動き	●●○○○
使いやすさ	●●○○○

ひとやすみ　桃子の好きな官能シーン①

高校生の主人公は、副担任のあざみさんにあこがれていた。ついに初体験の相手となった彼女は、土曜日の午後、汗ばんだ肌にブラウスを張りつけて、ひとり暮らしの彼の部屋を訪れる。

あざみさんの抵抗が止まった。ずぶずぶと根元まで押し込むと、きゅっ、と肉柱全体を締め付ける。あざみさん、ここは嫌がってないよ、と声を掛けると、うそよ、うそ、うそ！と両手で顔を隠してしまった。

ううっ、と思わず声が漏れるくらい気持ちいい。じっとしていると、中が動いてるのが分かった。熱くて柔らかくて、それでいて、きゅっ、きゅっ、と絞るように締め付ける感触に、長い時間静かにはしていられない。

両脚を肩に乗せたまま、上体を前に倒すと、あざみさんが二つ折りになって、膝の間に顔が来る。のけぞった顎が戻るに合わせて、あざみさんの唇を貪る。

次野薫平『息んで開いて』（『秘本Y』より）祥伝社文庫

編集者の沙知は、ある雑誌で昔の恋人・敏幸の名を目にする。カメラマンになっていった彼に仕事の依頼をする口実で、京都まで会いにいった沙知。15年の歳月を経てふたりの時間が戻っていく。


淡い灯りに照らされながら、シルクの半袖ニットを頭上に抜きさられ、ブラジャーを外される。指に吸いつく女盛りの柔肌が、ソフトにまさぐられていく。

もっと、戻りたい……この人との時間を、もっと巻きもどしたい……。

そんなことを心で念じながらも、ペニスを舐めしゃぶる仕方は、その後、他の男との関係で培ったものになっている。沙知は漲った亀頭に繰りかえし舌を絡めつけては、頭を緩やかに揺すりたてた。口のなかが甘く痺れ、下半身がどうしようもなく火照りだしている。

「ベッドに行くか」

うなずいた瞬間、ぬらぬら濡れた肉棒が、唇からヌチャッと抜きさられた。


菅野温子『十五年目の秘密』(『蜜の競艶』より)河出i文庫

第3章　ひとりなのにこんなに過激で……

これ、ほんとうに入っちゃうの？と
ドキドキしながら手に取ったバイブを、案外、簡単にのみ込めたとき、
自分がすごく淫らな女の子になったように感じました。
恥ずかしさで、顔だけじゃなくカラダまで熱くなっていくの。

過激なバイブで悦んでいる自分自身がとても恥ずかしくて、
こんな桃子を誰にも知られたくない。
でも、誰かに見られたいような気もする……。
そんな妄想で、快感はさらに加速して、
肌に汗がうき、粘膜がしびれてしまうくらいまで、
夢中になって遊んでしまうんです。

過激なバイブといっても、なにも大きさだけのことではありません。
振動が強烈なバイブで、腰ががくがくするほど感じたり、
意外なところにパールが入っているバイブで、
思いもしなかった場所に快感のツボがあることを初めて知ったり、

桃子のなかにある官能の引き出しが
みるみるうちに開いていくのがわかります。
私、どこまで感じちゃうんだろう。
こんな快感を知ってしまったら、もう戻れなくなっちゃうのかも……。
そんな危うい感情もすぐに消し飛んでしまうほど、刺激的な時間なの。

もちろん、過激さを極めるほどすばらしいバイブというわけではありません。
考えてみれば、セックスと同じこと。
ひかえめな愛撫でも驚くぐらい感じてしまった経験、
きっと誰にでもあるでしょう?
また、バイブにカラダが慣れていない女の子だと、
受け入れられないもののなかにはあります。
でも、桃子自身は、過激なバイブほど快楽の振り幅も大きいと実感しています。
いまはまだ無理でも、いつか上級者にステップアップしたときに試してみて。
本物のペニスでは絶対に味わえない、
未知のエクスタシーがきっと待っているから。

Sur-Vib《サバイブ》 20

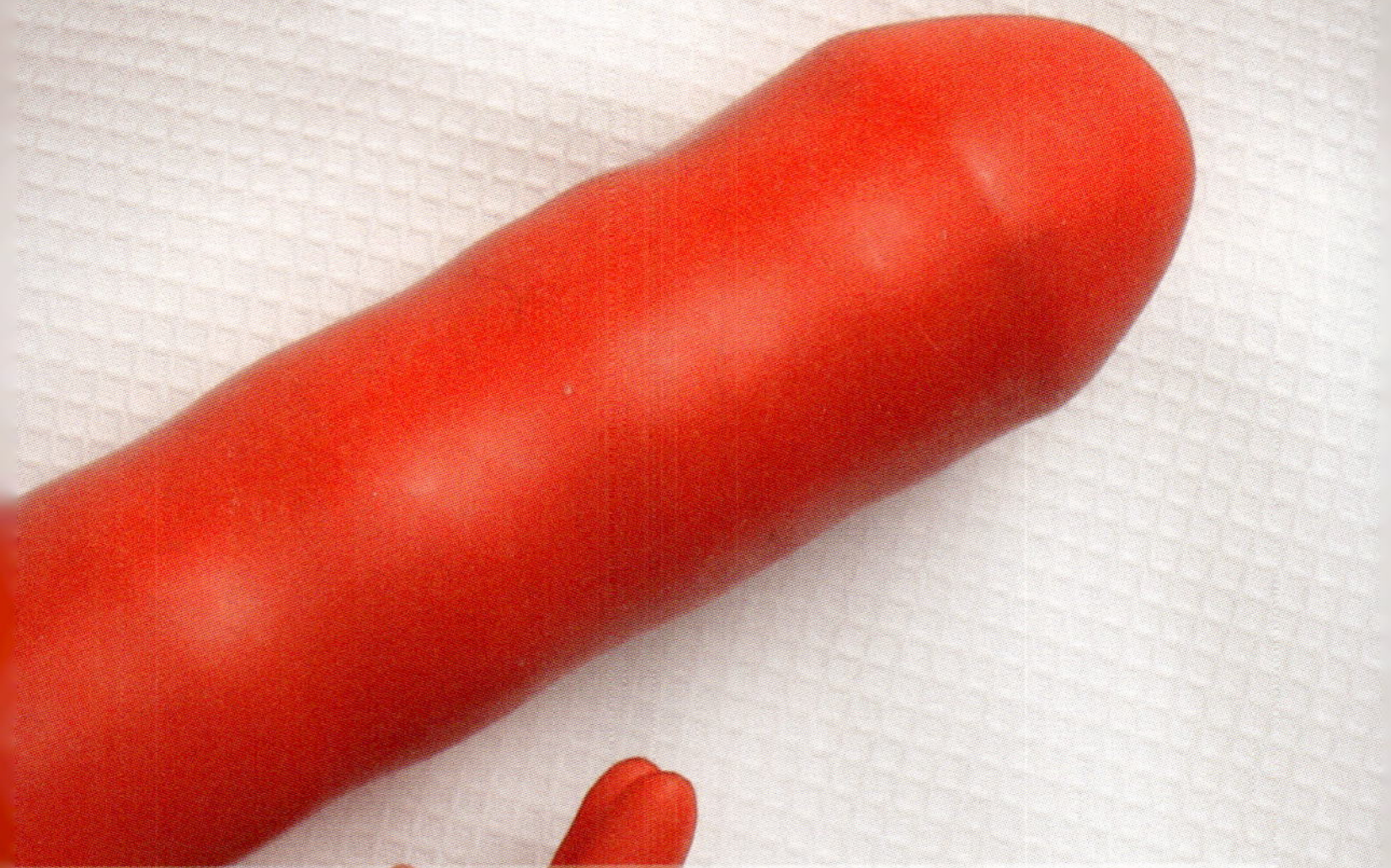

ペニスのサイズを気にする男性、多いですよね。でも**大きさなんてどうでもいいというのが、女の子の本音。**むしろ大きすぎるのはコワイから、バイブもビッグサイズを避けてた桃子なのに、**バナナより大きい**「Sur-Vib」を買っちゃいました。

大きくても、サオが円柱形で凹凸がないから挿入はそれほど苦しくありません。でも、気持ちよくもない。「やっぱり大きすぎはダメね」とひとりうなずいたのもつかの間、桃子のそん

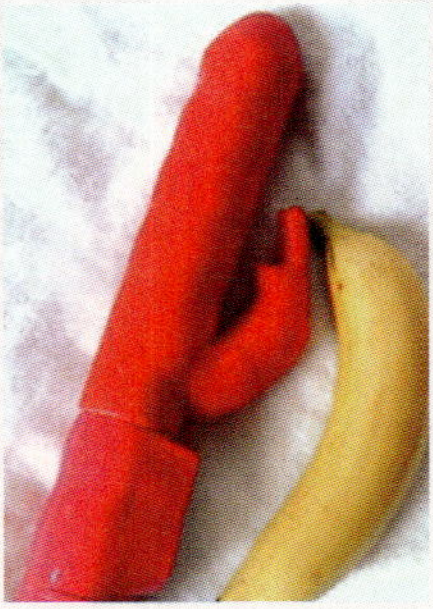

桃子の満足指数

総合	●●●●○
大きさ	●●●●○
形	●●●●○
感触	●●●●○
動き	●●●●●
使いやすさ	●●●●○

こんなに大きなモノで乱れて私って恥ずかしい……

な考えは、このバイブ独自の〝ウェイブアクションバイブ〟機能をONにした途端、あっさり覆されました。振動が始まると、大きすぎてとまどっていた桃子の襞が震えて、濡れて、粘膜とバイブがじんわりとなじんでいきます。さらに、このウェイブは波打つ方向を切り替えられるの。下から上の動きを、上から下に。え……こっちのほうが気持ちいい！　襞がバイブをのみ込もうとするように奥へ奥へとうごめくのに対して、バイブが逆らうように動くから、刺激が強くなったのかな。「こんな大きいので乱れるなんて」と羞恥心まで刺激されて、ますます感じてしまいます。ココロとカラダの両方が敏感になったら、もう引き返せません。ほどなくして大きな波にさらわれて……気づけばビッグサイズに開眼していた桃子なのでした。

カレシとセックスするときは、ゆっくり長く楽しみたい♥　一晩に何回したって回数を自慢する男性がよくいるけど、それって女の子的には迷惑なんですよね。**一回でいいから、できるだけ深く、長く交わりたい**んだもん。そんな桃子だから「ポリネシアンSEX」という名のバイブを見つけたときは、即購入！です。

一見したところ、バランスの悪いバイブだと思いませんか？　**サオがずんぐりと短くて、クリバイブが異様に大きい**でしょ。でも実は、これこそ桃子好み。さらに**ビギナーちゃんにもやさしい、絶妙なフォルム**なの。というのも、サオを奥まで押しこまなくてもクリバイブがしっかりフィットするし、そのうえ花びらまで包みこむようにして刺激できるから。**花びらって男性が思っているよりずっと敏感なんですよ。**それ自体も感じるし、その快感がクリにまで伝わると、股間全体が甘くしびれるようで、すっごく気持ちいいの。この大きなクリバイブで刺激すると、ほとんどの女の子はすぐにガマンできなくなるんじゃないかな。

そしてクリでイッただけで終わらないのが、このバイブ。お豆がヒクヒクするのに合わせて、中まで痙攣しちゃう。なにかをしぼり取ろうとするみたいに、サオをぎゅっぎゅっと締めつけるの。**外と中で同時に迎える絶頂は、クリだけ、あるいは中だけでイクのとは比べものにならないほどの快感。**より強いエクスタシーを感じたいなら、クリでイキそうになったときに一度バイブをクリから離してみて。焦らせば焦らすほど、オーガズムも激しくなるから。やっぱりポイントは〝深く、長く〟ってことですね。

花びらまで包む
大きなクリバイブで
深く長ーく愛してほしい

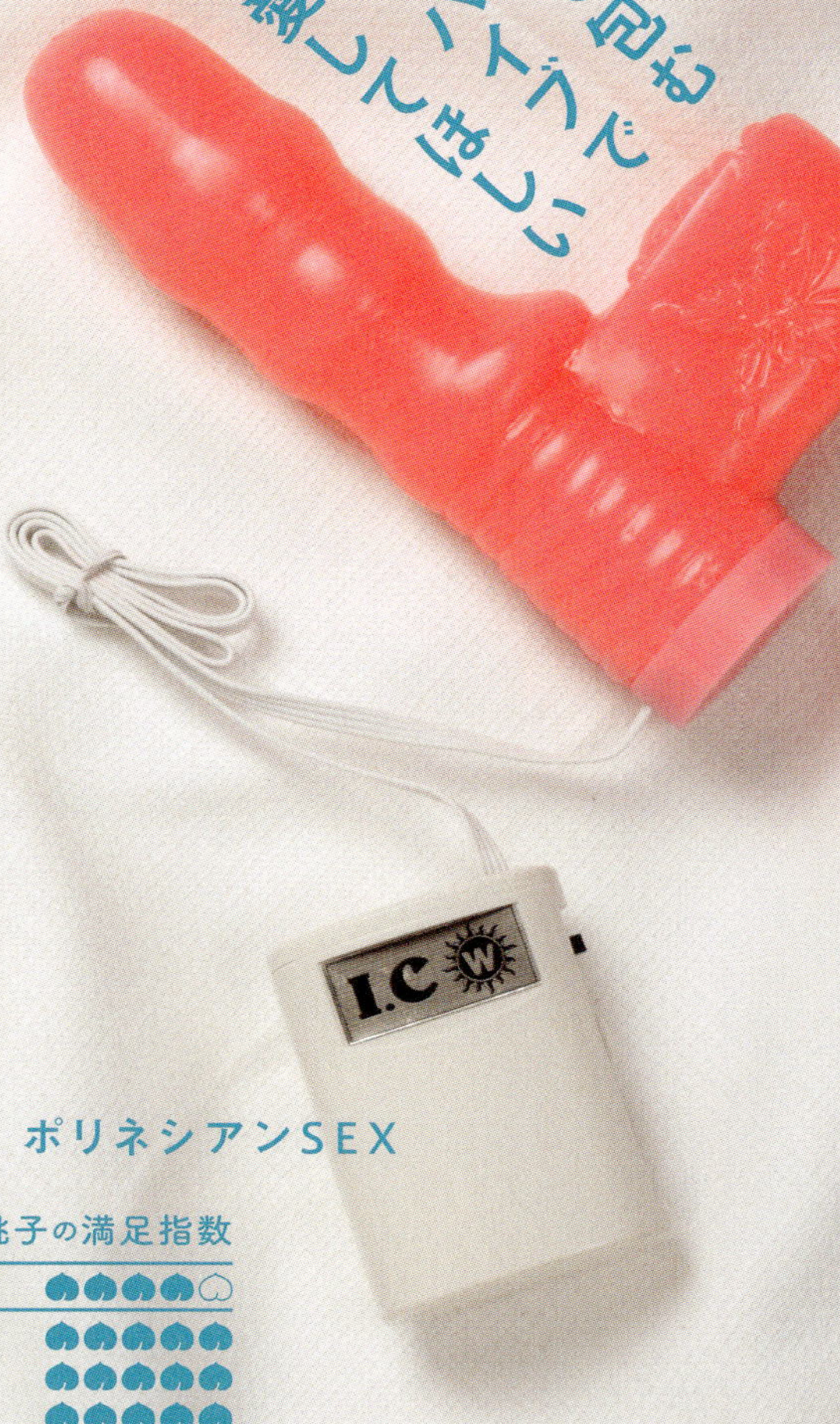

21 ポリネシアンSEX

桃子の満足指数

総合	●●●●○
大きさ	●●●●●
形	●●●●●
感触	●●●●●
動き	●●●○○
使いやすさ	●●●●○

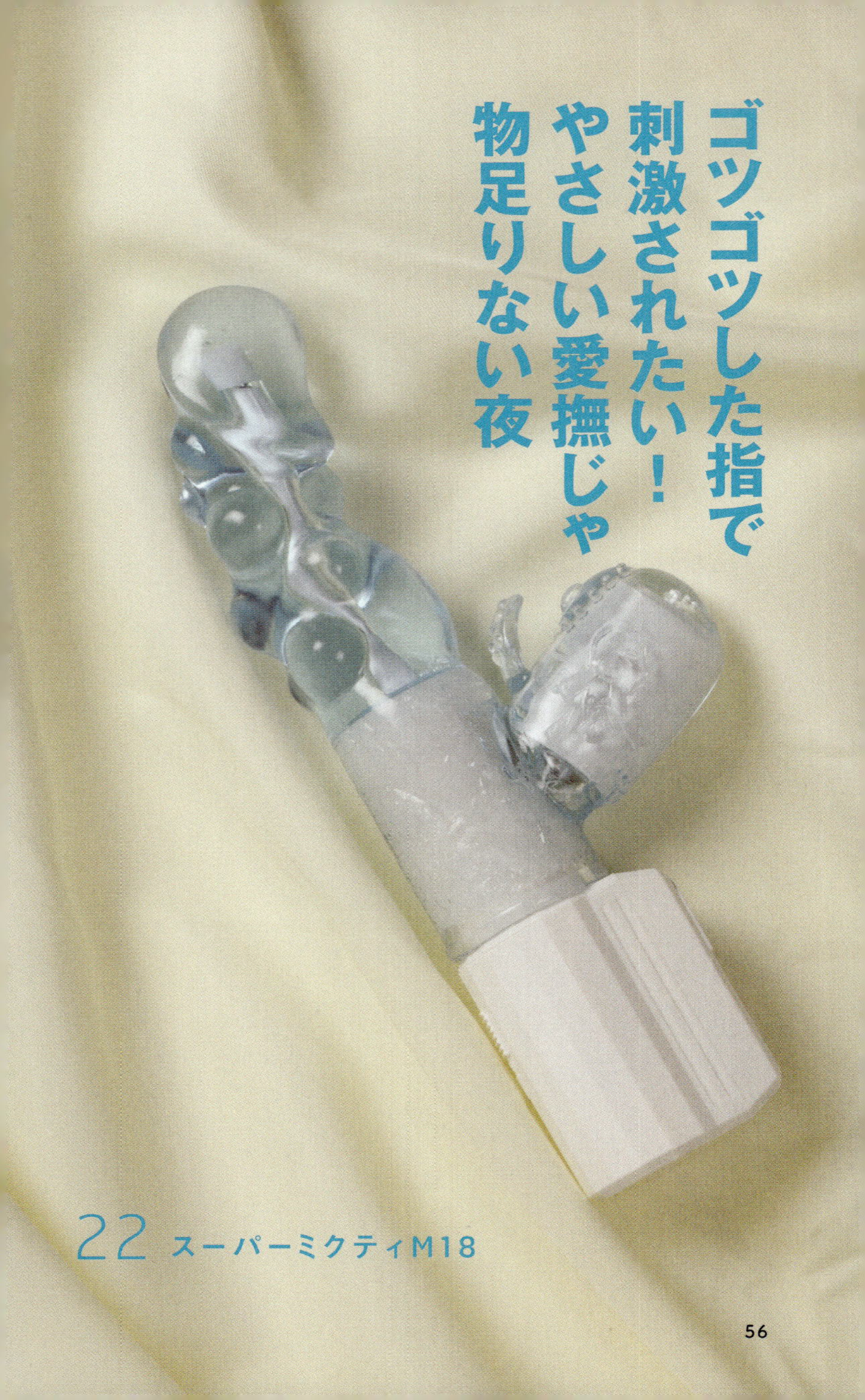

ゴツゴツした指で
刺激されたい！
やさしい愛撫じゃ
物足りない夜

22 スーパーミクティM18

フェチってほどではないけど、桃子、男性の指につい目がいくの。スラッとした指ではなく、関節が目立つゴツゴツした指が好み。**「アレで桃子の中をかき回されたら……」**と、はしたない想像をしちゃうこともあるんですよ。

「スーパーミクティM18」は、そんな男らしい指で愛撫される感覚に浸れる1本（もちろん指よりずっと太いけど）。後ろから見ても横から見ても、**サオにボコボコッとしたふくらみがランダムに入っていて、これを目にしただけで、中をどんなふうに擦ってくれるのかしらってワクワクします。**そんな期待に最初から応えてくれるのが、このバイブのすばらしいところ。ローションをつけて挿入すると、ぬるりとした感触の奥に、突起物の荒々しさを感じて、快感のメーターが一気にアガッちゃう。

サオがぐるぐる回転するスイング機能が付いているけど、それよりも自分の手でピストンしたほうがイイと判断した桃子。ゆっくりと抜き差しすると、うん、思ったとおり。襞とのあいだの摩擦が気持ちよくて、バイブを動かす手がひとりでに速くなります。イキそうになったら、こね回すような動きを加えて、さらに乱暴な刺激に……。**やさしくされたいのに、やさしい愛撫じゃ物足りない夜もある**――女の子の複雑な一面を、自分のなかに発見した桃子でした。

桃子の満足指数

総合	●●●●○
大きさ	●●●●○
形	●●●●○
感触	●●●●○
動き	●●●○○
使いやすさ	●●●○○

パッションプローブ・パープル 23

**強烈な刺激に思わず声が……
もう桃子を
どうにでもして！**

単2電池×2本だからこその強力バイブレーション——それが「パッションプローブ・パープル」の魅力です。挿入後、スイッチをONにすると、**桃子、腰がビクッと震えて、思わず声が漏れちゃいました。**強烈な振動で否が応でも感じてしまい、ただただ快感に流されてしまうの。これを試した日はまだ肌寒い季節だったのに、バイブを受け入れているアソコがどんどん熱くなって、気づけばうっすらと汗ばんでいました。そしてココロのなかは〝敗北感〟でいっぱい。**快感に抗えなくなっている自分が悔しい……。**でも、もうどうなってもいいと思うほど溺れてしまって、熱い息を吐きながらひとり腰をくねらせた夜でした。

桃子の満足指数

総合	●●●○○
大きさ	●●●○○
形	●●●●○
感触	●●○○○
動き	●●●●●
使いやすさ	●●●●○

24 ツインタービン

子宮の入り口は焦らずゆっくりかわいがって

やさしいのも乱暴なのも好き。ワガママな桃子ですが、いちばん奥、子宮の入り口だけは乱暴にされると困るかな。ここはゆっくりと、かわいがってほしい……。だからカリにまでパールが入った「ツインタービン」を最初に見たときは、痛そう！と思って、あまり気乗りしませんでした。でも、これも使い方次第。回転のレベルを6段階のうち2〜3にすれば、じんわりとした動きになるの。そして、**痛みに敏感な子宮の入り口も、一度ほぐされたら今度は感じやすくなるんだから、女の子のカラダってほんと不思議。**バイブを奥へ奥へと押しこんで、いちばん感じるところを心ゆくまで探求した桃子でした。

桃子の満足指数

総合	●●●●○
大きさ	●●●●○
形	●●●●○
感触	●●●○○
動き	●●●●○
使いやすさ	●●●●○

25 クリステル シーズン2

やわらかな舌が繰り出す 強力バイブレーションにびっくり！

ウサギなど小動物を模《かたど》ったものが多いクリバイブですが、なかには**かわいい顔に反してワイルド**な動きをするものもあります。たとえば「クリステル シーズン2」のネズミはすごくやわらかい舌なのに、驚くほど激しいバイブレーション！　強弱は調整できますが、MAXにすると**プロペラみたいにぐるぐる旋回**するの。クリを左右になぶられたかと思えば、息をつく間もなく前後に揺さぶられ……**太いサオ以上の存在感で、桃子はすっかり翻弄されてしまいました。**

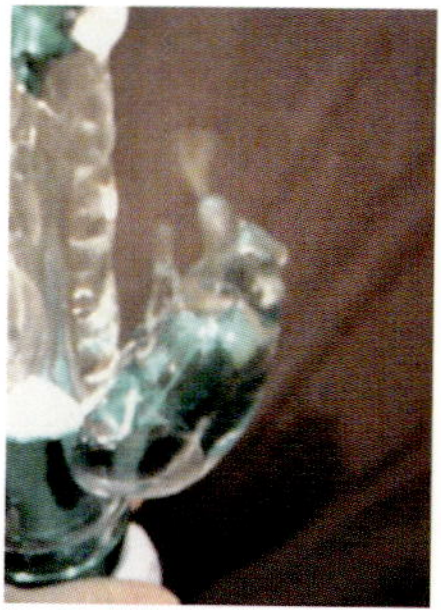

桃子の満足指数

総合	●●●●○
大きさ	●●●●○
形	●●●●○
感触	●●●●●
動き	●●●●○
使いやすさ	●●●●○

26 レディ・ストローカー

バイブは**長さよりも、太さが大事。**あんまり長いと、奥にあたるんだもん。ううん、奥にあたること自体は気持ちいいんだけど、最初から強く刺激したり、力の加減が強すぎたりすると女の子は痛いんです。このピストン機能付きバイブ「レディ・ストローカー」は挿入部が16㎝と長いから、男性が女の子に使うときは気をつけてくださいね。だけど**自分ひとりでするときは……奥に届く加減を自分で調整しながら、ピストンを思いきり楽しんでほしいの。**最初は控えめにノックする程度で、そして次第に強く。感じてくればお汁もたくさん出てくるし、よりソフトに、よりいやらしく、感じさせてくれますよ。

桃子の満足指数

総合	●●●○○
大きさ	●●●○○
形	●●●○○
感触	●●●○○
動き	●●●●○
使いやすさ	●●○○○

長めのサオで奥をやさしく、いやらしくノック！

ゼブラマン・コキコキ 27

ときには冒険して男性目線のバイブをチョイス！

いつも女の子目線でバイブを選ぶ桃子ですが、たまには「ゼブラマン・コキコキ」のように、**見た目もワイルドで仕掛けがいっぱいな、いかにも男性好みのバイブで〝オトコゴコロ〟をお勉強します。**大きく張り出した亀頭は、挿入がかなりつらい。でも入ってしまえば、未知の快感が待っています。なんと**亀頭の中のフリップがパタパタと上下するの。**桃子の中で、ちょっとしぼんだり大きくふくらんだりを繰り返している感覚。おへその下あたりに気持ちを集中して、桃子の襞を押し広げる動きをじっくりと味わっていると……、あ、イキそう。**なかなかやるじゃん**、男性目線のバイブ。ちょっと見直しちゃったな。

桃子の満足指数

総合	●●●○○
大きさ	●●○○○
形	●●●○○
感触	●●●○○
動き	●●●●○
使いやすさ	●●●○○

28 豪州の星（オージースター）

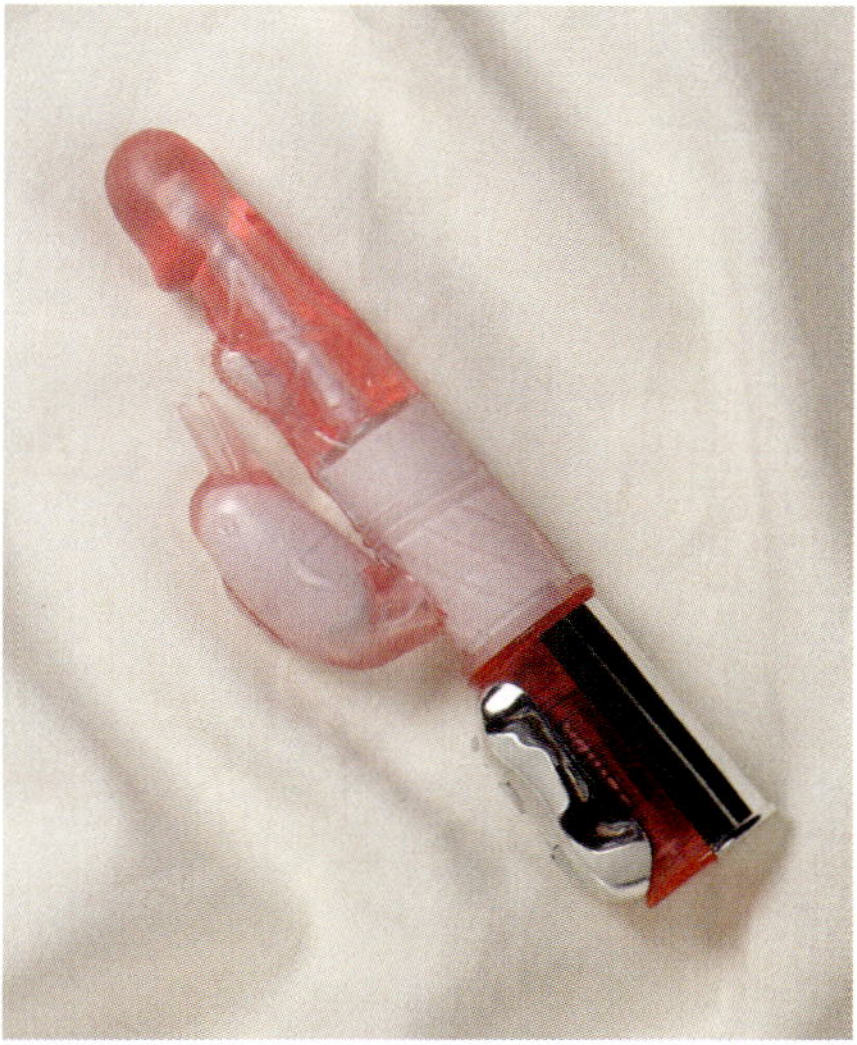

ヤマトナデシコの快感ポイントをついた豪州ヒット作!?

「オーストラリアで大ヒット」というフレコミなのに、大きさや機能は**超ジャパネスク（笑）**。日本の女の子の性感帯を押さえた作りです。ポイントは、サオの中ほどにある突起。スイング機能をONにすると、**カレシの指でGスポットをぐっと刺激されているような**感じに。最初はなかなかピンポイントであたらなくてもどかしいけど、そうやって気持ちのいい場所を探しているうちに、ジュースがいっぱいあふれてくるから、ますます気分も盛りあがるよ。

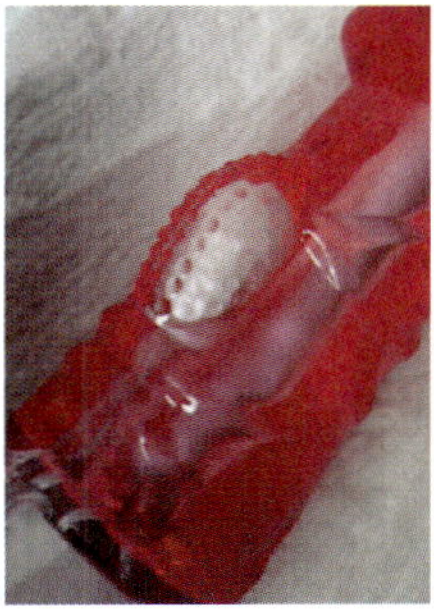

桃子の満足指数

総合	●●●○○
大きさ	●●●●○
形	●●●○○
感触	●●●○○
動き	●●●○○
使いやすさ	●●●○○

column 2

バイブ失敗談

バイブに魅せられて以来、せっせと集めた数は100本近く。自分の思いどおりの快感を与えてくれたり、疲れたカラダを癒してくれたり……桃子にとってバイブは、常に側にいてくれるルームメートみたいなもの。と、すっかり日常的な存在になっているバイブですが、そのせいか、思いもかけないハプニングが起こることも！

●失敗① こんな夜中になんの音？

ある晩、ふと目が覚めてベッドサイドの目覚まし時計を見ると、時間は深夜3時。一度寝つくとなかなか起きない桃子の眠りを妨げたのは、「ヴー、ヴー、ヴー……」というかすかな物音でした。気のせいだと自分に言い聞かせても、音が途切れる気配はナシ。不快な音ではないけど、気になって眠れない。桃子は音の原因を探して、布団から抜け出しました。そして行き着いたのが、クローゼットの前。トビラを開くと――赤く光りながら首を振る1本のバイブが目に入ったのです。

使用後はよく洗って乾電池を抜いてからしまうのが習慣だったけど、うっかり忘れていたみたい。なにかの拍子にスイッチが入ったんですね。ひとりの夜だったからよかったけど、カレシが来ているときだったらと思うと、冷や汗が出ちゃう！

●失敗② 視線の先には……

ブロガーである桃子にとって、ネットが不通になるのは一大事。ある日そんなトラブルが起きて、家に修理の人を呼んだんです。

問い合わせをして数時間後、忘れたころに「ピンポーン」とチャイムが。待ってました！とスタッフ2名（♂）を部屋に入れたところ、なぜか彼らはそわそわそわそわ。その視線の先を追うと……なんとそこにバイブが！　しかもビッグサイズの「クリステル シーズン2」（60ページ）があったんです。生活空間にバイブがあることに慣れっこになっていた桃子、彼らが来るまで結構時間があったのに、まったく気づかず……。いまさら片づけることもできなくて、お互いバイブから不自然に目をそらしたまま、修理が終わるまで気まずい時間を過ごしました。きっと帰り道で、「あの女、スゴかったなぁ！」って話題にされていたんだろうなぁ。

●失敗③ あっっっっっっっつい！

その夜もいつものようにクリバイブで自分自身をたくさん濡らして、いよいよ挿入のとき。亀頭にあたる部分にローションをたっぷり垂らし、入り口にあてがって、一気に中へと滑りこませ……あ、あつぃッ!! なに？ なにが起こったの？ まるで焼きゴテを押しつけられたように熱くてイタイ！ ダッシュで浴室に飛びこみ、シャワーで脚のあいだに水をかけました。アソコがクールダウンするにつれ、頭も冷静になり、気づいたんです。桃子、ローションと間違って「アダルトグッズクリーナー」（143ページ）をバイブに塗りたくってた！ つまり除菌用のアルコールで粘膜が焼かれたんですね。同じ透明な液体だから気づかなくて……。でも、「アソコがもう使いモノにならないかも！」と怯えたのもほんの短いあいだだけ。数日後にはまた元気にバイブ遊びを再開しましたよ。

第4章 グッドデザイン!

バイブ遊びをする女の子って、どんなイメージですか？
お部屋でも総レースのランジェリーを身につけていて、常に臨戦態勢、とか？
本棚には官能小説やエッチなマンガがズラリ並んでいる、とか？
もしかすると、そんな全方位的にセクシーな女性もいるかもしれませんが
桃子はいたってふつうの女の子。
かわいいインテリアとか、ルームウエアとか大好き！
お友だちと一緒に雑貨屋さんをめぐって、お買い物するのも趣味のひとつです。
だから……バイブは見た目にもこだわっちゃう。
グロテスクなデザインは絶対にNG！
かわいくないものがお部屋にあるのって、どうしてもイヤなんだもん。

実際、探してみると、ステキなバイブってたくさんあるんですよ。
特にヨーロッパ製には、スウェーデンの「LELO」や
ドイツの「ファンファクトリー」のようなブランドに代表されるとおり
センスのいいものが多いと思います。
ちょっと見ただけではバイブってわからないから、

クローゼットにしまいこまなくても大丈夫。
ベッドサイドにいつも置いて、欲しくなったときにすぐに手をのばす、
なんてことができるんですね。
でも見た目だけじゃダメ。桃子が愛用しているのは、
素材や機能がしっかりしていて、カラダもちゃんと満たしてくれるもの。
まずはその洗練された外見を愛でて、次に粘膜でその動きを感じるのです。
気持ちよくなってしまえば、見た目なんて関係ないって言われるかもしれないけど、
でも、そこがオンナゴコロ。
きれいなものを所有していると、自分まできれいになったような気がします。

男性のみなさんにはこの気持ち、永遠にわからないかも。
でも、かわいいバイブはプレゼントにも使えます。
いかにもなバイブを手渡されると反応に困っちゃうけど、
それがグッドデザインバイブなら「なにこれ、かわいい！」と
とりあえず受け取っちゃいそう（笑）。
エッチなプレゼントであっても、センスを見せることを忘れずにね。

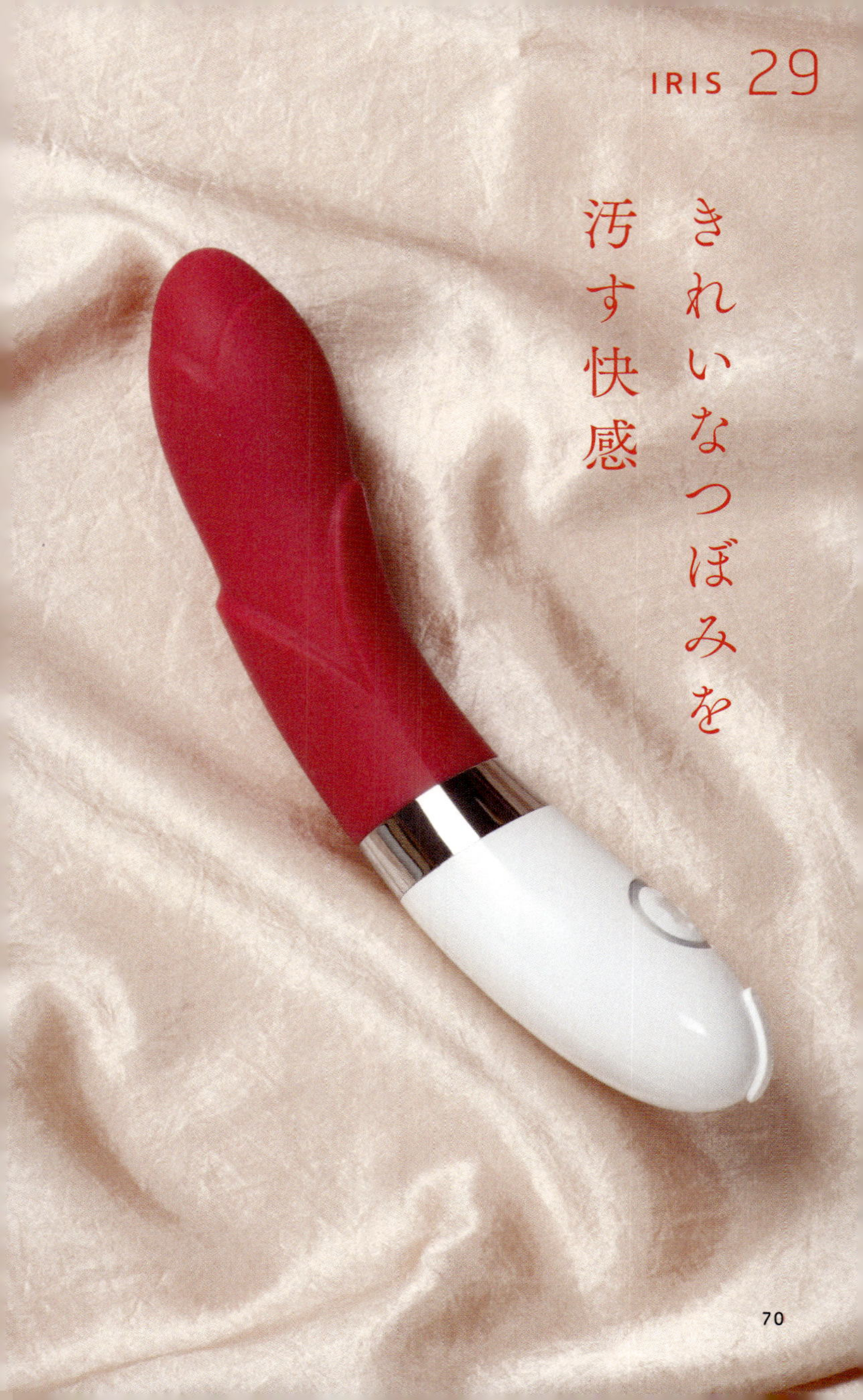

IRIS 29

きれいなつぼみを汚す快感

オトナのおもちゃ界ナンバーワンのデザイン系ブランドといえば、スウェーデンの「LELO」。バイブだけではなく、ローターや男性用のグッズもそろっていますが、そのすべてが洗練されたルックスで目を奪われます。一目見てこれがアダルトグッズとわかる人は少ないんじゃないかなぁ。桃子、ここのバイブをぜーんぶ欲しくなったんだけど、迷った末に「IRIS」を購入。チューリップのつぼみのようなフォルムが、**美しくてエロティック！**

充電式というのもいいですよね。電池を使うよりもパワフルだし、エコだから。**一度充電すれば4時間は使用できるので、気持ちよくなっている途中にバッテリーが切れちゃうという心配もナシ。**もちろん、見た目がいいだけじゃ桃子は満足しません。先端がゆるやかに細くなっているので挿入もスムーズ。動きは振動のみとシンプルだけど、ゆるやかな曲線で中にぴったりとフィットしてくれるから、目を閉じて振動をじっくりと味わっているうちに、どんどん潤っていきます。終わってアソコから抜き出したら、**きれいなパープルのボディに桃子の白いジュースがたっぷりとまとわりついていて……。**きれいなものを汚してしまったような、そんなうしろめたさにもちょっぴり興奮してしまった桃子なのでした。

桃子の満足指数

総合	●●●●○
大きさ	●●●●○
形	●●●●●
感触	●●●○○
動き	●●●○○
使いやすさ	●●●●○

モコモコとした形と鮮やかな赤色で**〝コドモのおもちゃ〟と間違えそう**な「ガラン」。「ファンファクトリー」というドイツブランドのものですが、ここのバイブやディルドはすべてポップ＆ユーモラスなデザインで、すっごく明るいの！　バイブ特有の淫靡で背徳的な雰囲気はゼロ。**〝気持ちよくなるってハッピーなことだよね♥〟という声が聞こえてきそうです。**

マットな質感のシリコン素材がこのバイブのかわいさを引き立てていますが、これって中に挿入したときも◎なんだよね。つるんとした質感のものだと、手で抜き差ししたとき滑らかに動いてくれて、それももちろん気持ちいいんだけど、**マットな素材だと襞がバイブに吸いついていくように感じるんです。**水中のイソギンチャクのようなイメージ。こういう場合はゆーっくりピストンしたほうが、自分の襞のうごめきを実感できて、桃子は好き。

でもときには気分転換も必要ですよね。そんなときは根元をつかんでぐるぐる回転させて。**前後左右に大きくしなるので、無理なく動かせて、入り口のあたりをいい感じで刺激できます。**そうしているうちに桃子の中はぎゅーって狭くなって、**勝手にバイブを締めつけちゃう。**そのたびにこの子がかわいく思えて、どんどん愛着がわいてくるの。

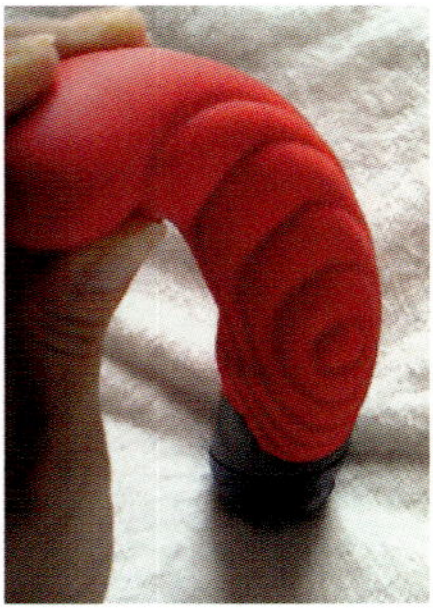

桃子の満足指数

総合	●●●●○
大きさ	●●●●●
形	●●●●○
感触	●●●●●
動き	●●●○○
使いやすさ	●●●○○

30 ガラン

ときには、明るく おもちゃ遊び！

ラララ 31

ぴょこんと飛び出たオテテで花びらにアタック

海外製のバイブってきれいなものが多くて、桃子はついつい集めちゃうの。「ラララ」はメイド・イン・オーストラリアで、丸みのあるフォルムからラメが入ったボディ、そして両側にぴょこんと飛び出したフリップまで、とにかくかわいい！

でもこのフリップこそ、いい仕事をしてくれるんです。**サオを奥まで挿入すると、ちょうど花びらに密着！** クリトリスに届かないのが惜しいと思う人もいるかもしれないけど、時間をかけて花びらを刺激すれば、その振動の余波で、クリまで気持ちよくなるんですよ。**じんわりとした振動のおかげで、桃子のアソコはぐっしょり。**恥ずかしいくらい濡れてしまいました。

桃子の満足指数

総合	●●●●○
大きさ	●●●●○
形	●●●●○
感触	●●●●○
動き	●●●○○
使いやすさ	●●●●○

32 ルールー

ザ・ダッチ・デザイン!

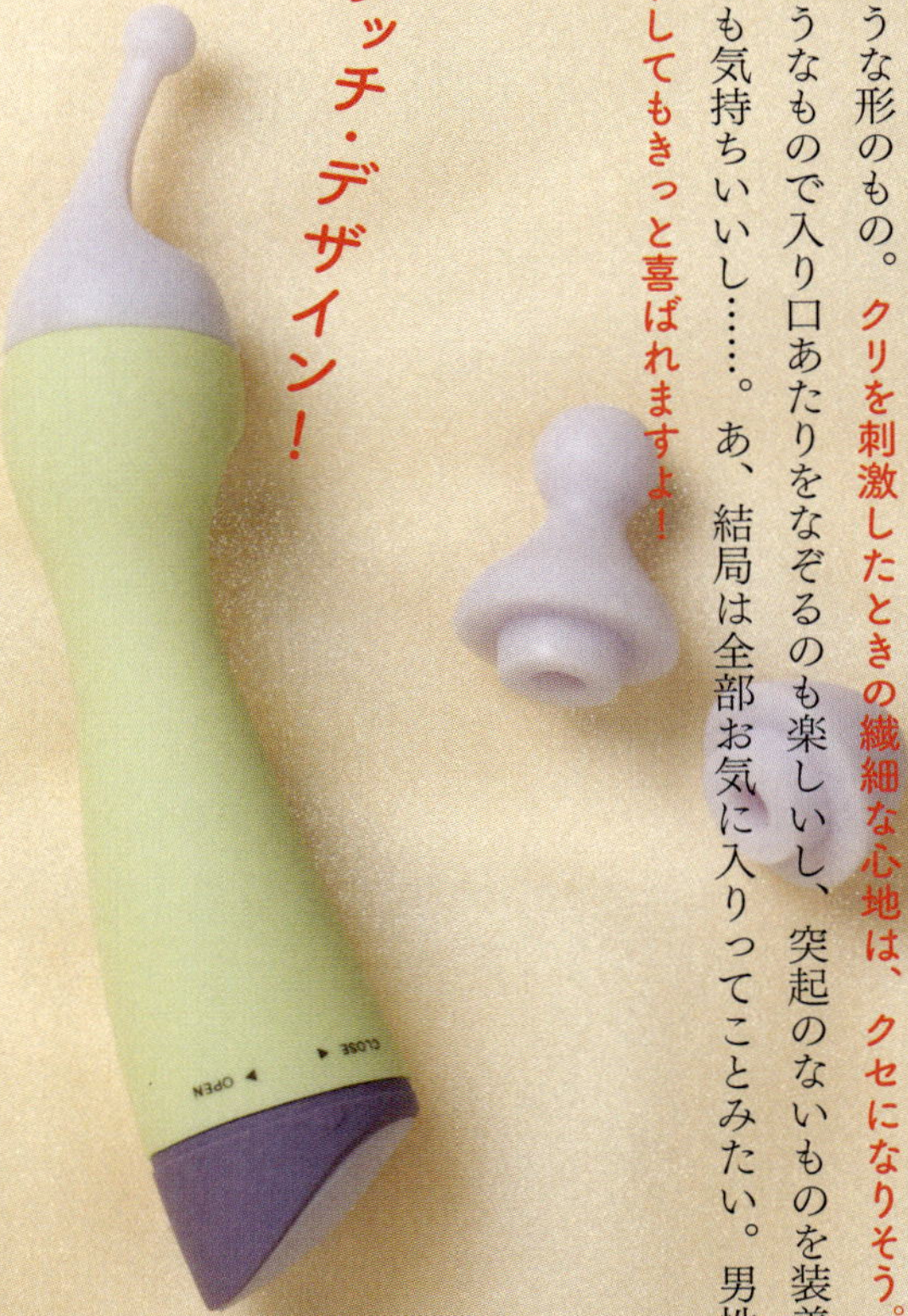

これってオトナのおもちゃ?と思わせる不思議なルックスの「ルールー」はオランダ製。桃子のコレクションのなかでも群を抜いてかわいいヤツです。「GODDESS SELFISH」(22ページ)同様、本体に3種のアタッチメントを付け替えて楽しむタイプで、桃子のお気に入りは触覚のような形のもの。**クリを刺激したときの繊細な心地は、クセになりそう。**でも哺乳瓶の乳首のようなもので入り口あたりをなぞるのも楽しいし、突起のないものを装着して奥まで挿入するのも気持ちいいし……。あ、結局は全部お気に入りってことみたい。男性が**女の子にプレゼントしてもきっと喜ばれますよ!**

桃子の満足指数

総合	●●●●○
大きさ	●●●○○
形	●●●●●
感触	●●●●○
動き	●●●○○
使いやすさ	●●●●○

バイブセラピー　セリーン　33

エレガントな1本で淑女プレイ!?

「バイブセラピー」は全12種がそろう人気シリーズ。どれも超ステキなデザインで思わず大人買いしたくなっちゃうんだけど、高級感あふれるデザインだけにお値段も手ごろではなくて……。まず購入した「セリーン」を手に取り眺めてみたわけですが、どの角度から見ても、ほんと隙がない美しさ。それでいて**医療用シリコンという肌にやさしい素材を使っているところも、オンナゴコロをわかってくれてますね。**この美しいバイブを挿入して、静かな部屋に響く振動音に耳を傾けつつ、じっと自分のなかの快楽と向きあう。そんな時間を過ごしていると、自然と**オンナ度がアップするように思えるから、不思議。**

桃子の満足指数

総合	●●●○○
大きさ	●●●○○
形	●●●●●
感触	●●●●○
動き	●●○○○
使いやすさ	●●○○○

34 エルドラド

かわいいくせに、意外とワイルド

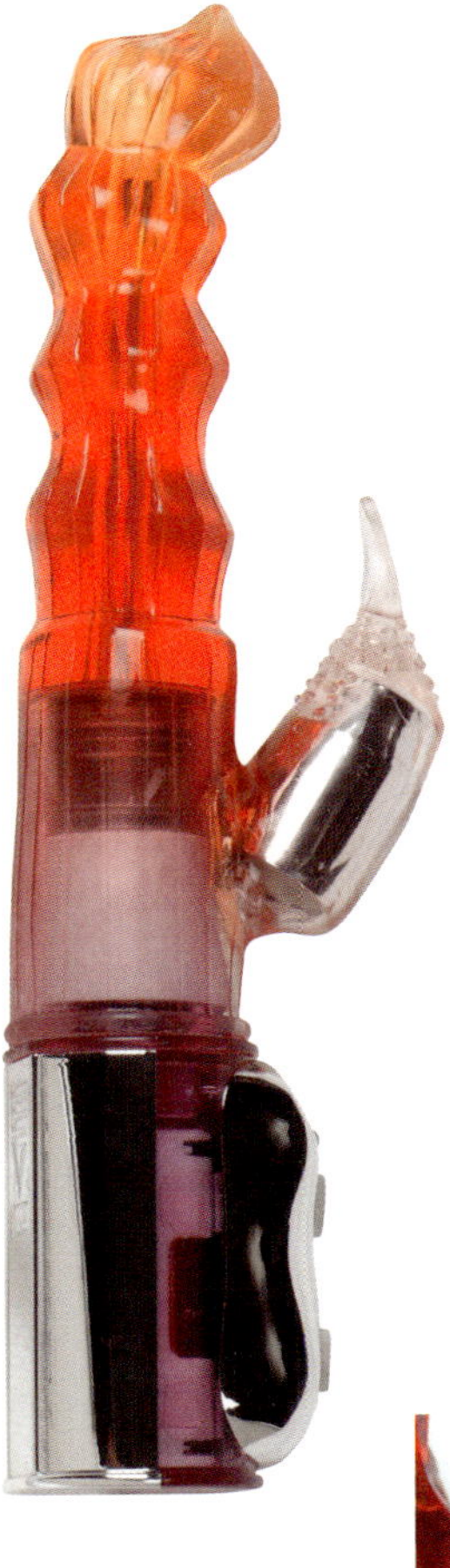

日本にだってグッドデザインバイブはたくさんあります。その代表格は、キャンディカラーが目に鮮やかな「エルドラド」。**カラー違いで全3種類**あるんだけど、どれも個性的で目移りしちゃう。でも**きれいな見た目にだまされないよう御用心！　ゴツゴツしたサオ、そしてなぜかザリガニの爪のような形をしたクリバイブ。意外にもワイルド**なんです。膣壁を擦りあげ、クリを弾くような強めの振動を楽しんだら、最後には〝黄金郷《エルドラド》〟が見えくるかも!?

桃子の満足指数

総合	●●●○○
大きさ	●●●○○
形	●●●●○
感触	●●●○○
動き	●●●○○
使いやすさ	●●●○○

おまけのアイマスクで あんなことや こんなことも♥

パールカラーのボディがとってもゴージャス！イギリス製の「ウーララ！」は威風堂々とした様子に、入れる前からひれ伏してしまいそう。**きれいなボックス入りで、アイマスクのおまけ付き。**桃子、プレゼントされるならこんなセットがうれしいな。**ふたりで目隠しプレイ、**なんてね。バッテリーは9V電池とやや特殊なのでお手軽感はありませんが、その分、さすがの強力バイブレーションが楽しめます。クリバイブなんてビリビリッとしびれちゃいますよ。

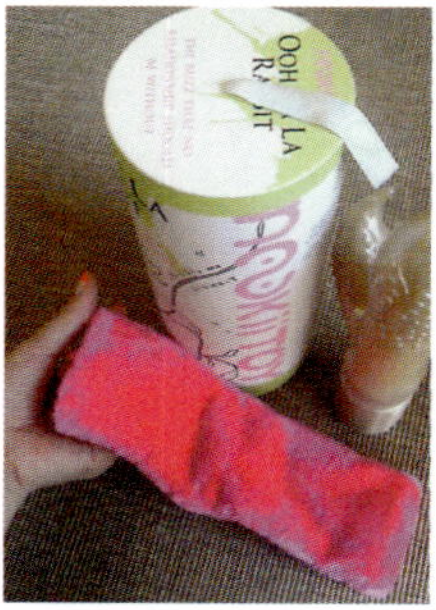

桃子の満足指数

総合	●●●○○
大きさ	●●○○○
形	●●●●○
感触	●●●○○
動き	●●●○○
使いやすさ	●●●○○

36 マイティースパロウ

か弱くて きれいな子には ……弱いんです。

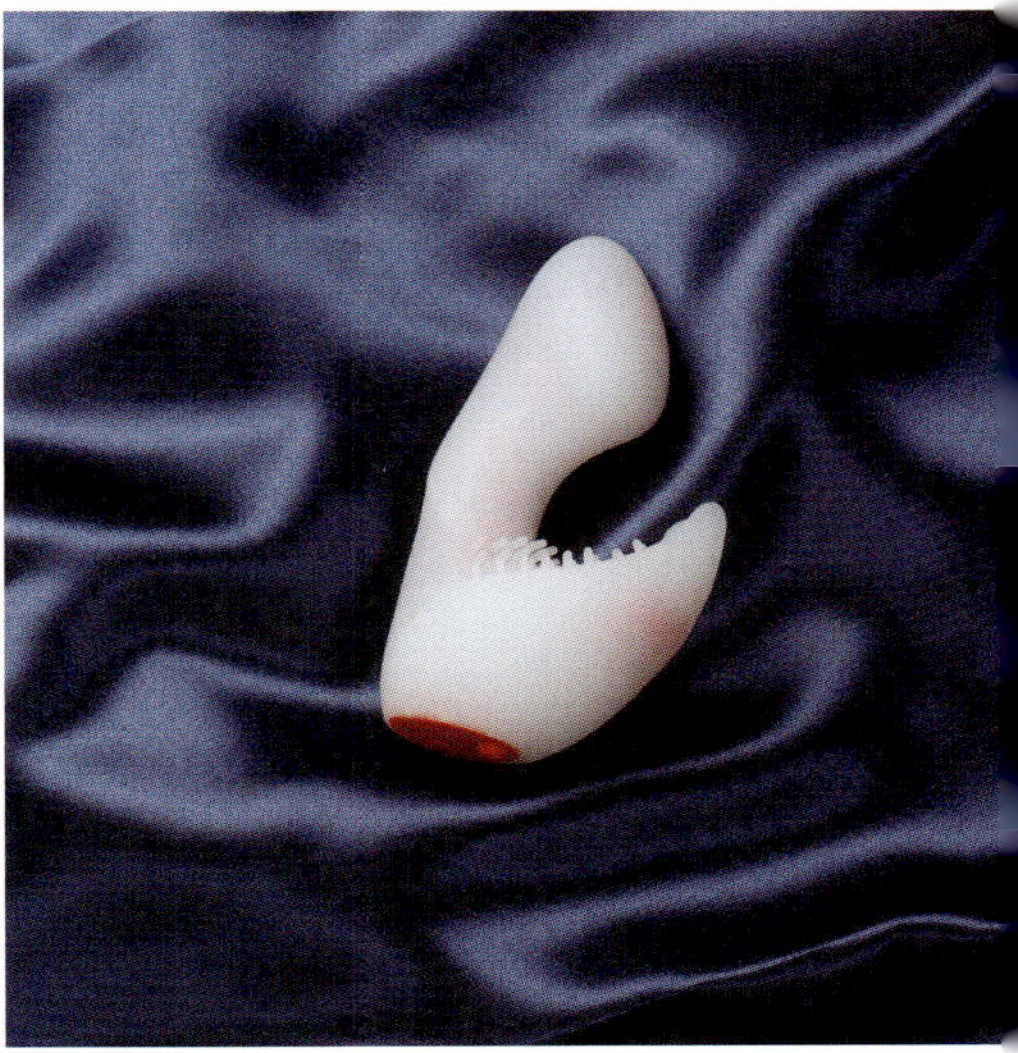

乳白色にポイントとして赤を効かせたカラーリング、肌に吸いつくような質感の素材。「マイティースパロウ」は部屋のどこかにさりげなく置いておけば、オブジェのように見えるかも。アーティスティックに見える理由のひとつとして独特のフォルムもありますが、これは「オルガスター」シリーズ（36ページ）の流れを汲んでいるので、好き嫌いは別れるところ。**クリと入り口、Gスポットを集中して攻めたい人にはおすすめです。**バッテリーがLR44というボタン電池なので、若干パワー不足も気になるかな。でもまぁ、きれいだから許しちゃう。……あ、桃子、美人を前にした男性のようなこと言ってる！

桃子の満足指数

総合	●●○○○
大きさ	●●○○○
形	●●○○○
感触	●●●●●
動き	●○○○○
使いやすさ	●●●○○

パッションダイヤモンド　37

フ○ンフランに売ってそうなチープ＆ガーリー感にキュン♥

このチープでかわいい感じ、大好き！　コントローラーを兼ねた**クリスタルボールはもちろん、☆や♥の柄が散りばめられたサオも、くるりと丸まったような亀頭も、ぜーんぶ桃子のツボです。**とはいえ、この亀頭、見た目以上にボリュームがあるので、挿入にはちょっと苦労するかも。楽しみ方としては、パワーが弱いからピストンを加えるのがおすすめ。抜き出すときに軽くひねったり、押しこむときにわざとGスポットにぐりぐりあてたり……。亀頭を最大限に利用すれば、飽きずに遊べますよ。

桃子の満足指数

総合	●●●○○
大きさ	●●●○○
形	●●●●○
感触	●●●○○
動き	●●○○○
使いやすさ	●●○○○

38 メドゥーサ

ランダムな凹凸に思わぬところを擦られちゃう

「メドゥーサ」の気品あるたたずまいを前にすると、一瞬これがバイブであることを忘れてしまいます。すっくと伸びたシンプルな1本タイプのバイブに、バターナイフを入れてランダムに削ぎ落としたようなこのビジュアル。いかにもデザイン重視っぽいけど、実は**中でスイングしたときにもこの凹凸がすっごい効果を発揮するの！**　そう、思いもかけない部分を擦ってくれるんです。充電式なのでパワーは十分。まさに才色兼備な1本ですね。

桃子の満足指数

総合	●●●○○
大きさ	●●●●○
形	●●●●○
感触	●●●○○
動き	●●●○○
使いやすさ	●●●○○

第5章 オトコ本位なイケないバイブ

バイブって女の子を気持ちよくするために開発されたもの……のはず。
なのに、たまにあるんですよね、気持ちよくないバイブ。
ううん、それはまだマシなほうかも。
これまで試してきたなかには、不快感があったり、痛かったり
カラダにダメージを与えるバイブもありました。
桃子、新しいバイブを使うときはすごくワクワクしているんですよね。
今夜はどんな快感と出会えるんだろう？って。
それが裏切られたときは、心から悲しくなります。
どこにその気持ちをぶつけていいのかわからないし、
やりきれない気持ちを抱えたままベッドに入ると、
なんだか寝つきまで悪いように感じちゃう。

そもそも残念なバイブって、どうしてできちゃうのかな？
桃子はそれが疑問なのです。
どこをどう気持ちよくされるとうれしいのかを
女の子にリサーチしないまま開発を始めちゃうのかな？

形とか、バイブレーションの強さとか、中に入ったときの感覚とか
実際に女の子に試してもらったうえで、感想を聞いたりしないのかな？
女の子のカラダに使うものでしょ。しかもいちばんデリケートな場所に、ね。
だったら女の子の意見を最優先で取り入れるのは、当然のことだと思うのに。

「激しいほど感じるんだろう？」「女はちょっとぐらい乱暴にされたほうが悦ぶんだ」
こういうバイブを見ていると、男の人たちのこんな声が聞こえてくるようです。
これって、まったくの勘違い！
桃子は激しいバイブも好きだし、荒々しい愛撫が欲しくなる夜もありますが、
ココロとカラダに対するやさしさを感じられるバイブでないと
気持ちよくなんてなれるわけないのです。
女の子が初めてバイブを使う、その1本が、
こうしたバイブじゃありませんように、と桃子は祈ります。
きっとおもちゃ嫌いになっちゃうもん。それってもったいないよね。
いつか桃子もバイブを開発してみたいな……とにかく女の子にやさしいバイブをね。

39

挿入不可能!? 無念のレポ断念！

透明感のあるきれいなルックスと、プニプニとした弾力のある素材に惹かれて手をのばした「クリステル シーズン3」ですが、ブログを始めて初の**〝レポ断念〟**という結果に終わりました。敗因はその形にあります。

カリにパール大の突起が散りばめられていたり、サオに尿道を刺激するフリップが付いていたり、凝った仕掛けがいっぱいのこのバイブ。「女の子を悦ばせるぞーッ」って全身で叫んでるみたい。その心意気を受け止めて、中に迎え入れようとした桃子ですが、**なんと入らない!?** 角度を変えたり、指でアソコを開いたり、どんな工夫をしても無理。亀頭までは入るけど、そこから先がどうしてものみ込めないんです。

あらためて見直してみると、サオが**ホースをぐるぐると巻きつけたような特徴的な形**をしていて、これによって**最大直径が4・8㎝**に！「Sur-Vib」（52ページ）のように先端が細くてあとは寸胴という形状だと、大きくても時間をかければ挿入できるんだけど、サオが亀頭より太いと、そこで引っかかっちゃう。それより先には進まないの。**敗北感で胸がいっぱいになった桃子ですが、でも、これを挿入できる女性ってこの世にいるの？** いるのならお目にかかりたい、感想を聞いてみたい……とおかしな好奇心を刺激されてしまいました。

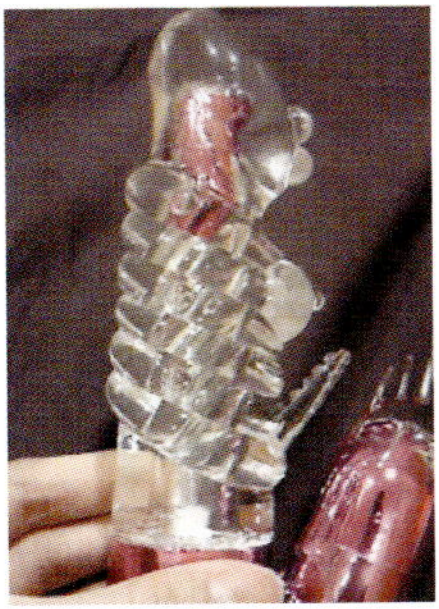

桃子の満足指数

総合	●○○○○
大きさ	○○○○○
形	○○○○○
感触	●●●○○
動き	●●○○○
使いやすさ	●○○○○

ドリルのようにぐるぐる回転させながら女の子の中に侵入したい――そんな男性的な発想が凝縮されたバイブが「ミスタードリルマン」。

細長いソフトクリームのような外見はユニークですが、これが回転するって考えると、たいていの女の子は本能的に「コワイ！」って感じると思います。前戯のときに指を挿入して、ひねりをくわえる男性、いますよね。桃子、アレが苦手なんですよ。花びらが中に巻きこまれたり、中の襞がひきつったりして、痛いだけでまったく感じないの。

気乗りしないけど、まぁ一応、試してみようかなとテンション低めで挿入し、**軽く深呼吸してからスイッチをON……あれ？　回転しないんですけど？？**　パワーが弱すぎるせいか、桃子がぎゅっと締めつけちゃっているせいか、中ではぴくりとも動かないのです。**なーんだ。**　覚悟を決めていただけに、拍子抜け。でも安心しました。パールのように一部を回転させるだけでも、できるだけゆっくりとしたスピードでないとつらいんだから、サオ全体がぐるぐる回転するなんて……想像しただけで冷や汗が出ます。

桃子は過激なバイブも好きだし、たまには乱暴に愛撫されたくてカラダが熱くなるときもあります。**でも、激しいなかにも愛情がないとね。**

〝ドリル〟という発想には、女の子のカラダに対するやさしさや、いたわりが感じられません。カップルで使う場合も、こんなバイブをカレシが持ってきたら、女の子は引くこと間違いナシ。男性も自分が女の子だったらどんなふうに愛されたいかって考えながらバイブを選んでほしいというのが、桃子の願いです。

40 ミスタードリルマン

愛のないバイブはNO!!

桃子の満足指数

総合	○○○○○
大きさ	●○○○○
形	●○○○○
感触	●○○○○
動き	○○○○○
使いやすさ	●○○○○

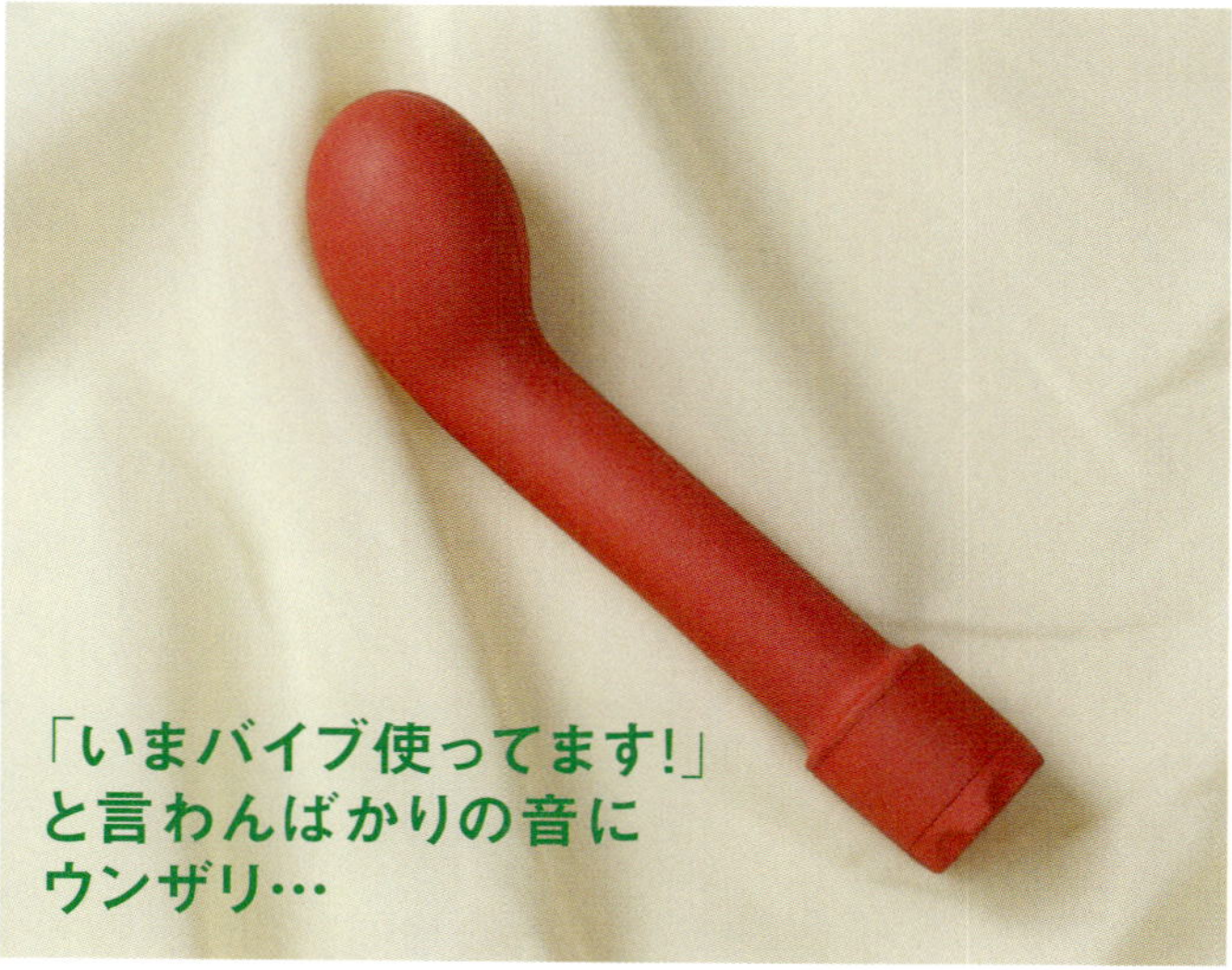

「いまバイブ使ってます！」
と言わんばかりの音に
ウンザリ…

頭でっかちな「ライオネスG」。その大きさ、なんとSサイズの卵くらいあるんですよ。大きいのはちょっと苦手な桃子ですが、なかには気持ちよくなれるものもあるから、この子も食わず嫌いせずに挿入しました。でもこの形がよくないのかなぁ。**最後まで快感は訪れないまま……**。そして、**振動音がうるさい！** 家族と同居の人はまず使えないでしょうね。ひとり暮らしの桃子はその心配はないけど、音が気になってまったく集中できませんでしたよ。

桃子の満足指数

総合	●○○○○
大きさ	●●○○○
形	●○○○○
感触	●●○○○
動き	●●●○○
使いやすさ	○○○○○

42 ミスターフェンディ

オラオラ系バイブに完敗！
セックスもバイブも
やさしさが大事

桃子ってどちらかというと保守的な性格で（バイブ以外はね）恋愛でも仕事でも、もっと攻めなきゃダメだなぁって思うことがよくあります。「ミスターフェンディ」はそんな**桃子と対照的に、〝攻め〟の一辺倒**です。クリバイブはやわらかなフリップなのに、超強力バイブレーション！　**クリに触れるとビリッと火傷《やけど》したように感じます。**サオも負けじと、高速スイング＋パール回転の合わせワザ。どちらか片方だけを動かすことはできないし、コントローラーで調整しても適度なスピードにならなくて……。**完全にギブアップ。**攻めも大事だけど、少しは謙虚なやさしさのあるバイブのほうが、桃子は好きだなぁ。

桃子の満足指数

総合	●●○○○
大きさ	●●●○○
形	●●○○○
感触	●●●○○
動き	○○○○○
使いやすさ	●●●○○

アクセス 43

期待させて裏切るなんて、ヒドい……

バイブにはそれぞれ〝見せどころ〟があります。「アクセス」ならそれは、亀頭に詰まったパール。その名も〝先端ローリングボール〟です。だから桃子、太いサオから繰り出される鈍くて重い振動が子宮にズーンと響いても、**快感に溺れきってしまうことなく、まだまだ余力を残しておいたの。**つまり、楽しみにしていたんだよね。なのにこの機能をONにした途端……**痛い！** せっかく潤った襞が回転する亀頭に巻きこまれて、涙目になるほどの痛さです。たいていの女の子は、**一度苦痛を感じたらもう快感は戻ってきません。**期待していただけに、裏切られた気分。すっかり意気消沈してしまいました。

桃子の満足指数

総合	●●○○○
大きさ	●●●○○
形	●●○○○
感触	●●○○○
動き	●○○○○
使いやすさ	●●●○○

44 恋のマラク〜ダ

高速回転するクリブラシに思わず悲鳴が！

男性のなかには、**「刺激が強いほど女は感じるだろう」**と思いこんでいる人が結構いるみたい。じゃないと「恋のマラク〜ダ」のようなバイブは生まれないはず。挿入が困難な大きさと形、乱暴なスピードで動くパール。そして極めつけは、トゲトゲがついたクリバイブ。ブラシのようなトゲだけでもコワイのに、高速で回転するものだから思わず「痛い！」って叫んじゃった。**こういうバイブを考案した男性って、きっとベッドの上でも……**って思っちゃいます。

桃子の満足指数

総合	●○○○○
大きさ	●○○○○
形	●●○○○
感触	●●●○○
動き	○○○○○
使いやすさ	●●○○○

ジンジン 45

凹凸のあるサオや、大きなフリップ付きのクリバイブ。楽しみがいっぱいの「ジンジン」ですが、最大の特徴はもちろん、サボテンみたいなトゲトゲです。これがどんな効果を発揮してくれるのか桃子の期待値も上がっていたんだけど、残念ながら素材が石油系ラテックスであることが判明。肌がかぶれる可能性があるので、使用時はコンドームをかぶせなきゃ。って、**あーあ、トゲトゲが封印されちゃった。**安全な素材だったらこんな結果にはならなかったのにな。

素材さえよければ……最大の魅力を封印された残念バイブ

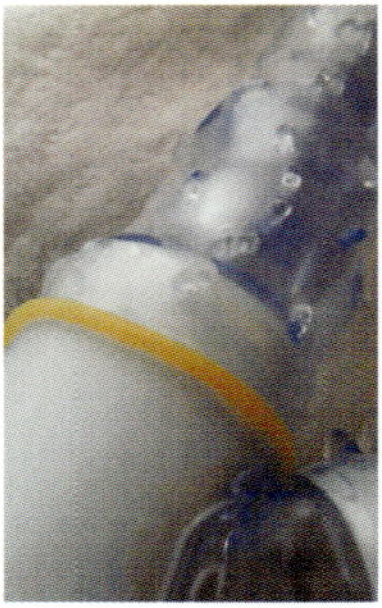

桃子の満足指数

総合	●●○○○
大きさ	●●●●○
形	●●●○○
感触	○○○○○
動き	●●●○○
使いやすさ	○○○○○

46 ラブベリー

カッチンカチンでカラダが拒絶！

９８０円というお値段とチープなかわいさに惹かれて購入したはいいものの、安かろう悪かろうという結果に終わったのが「ラブベリー」。難点は、硬いところ。**テーブルの角を叩いたらカツンッ！**と硬質な音がするほどです。ローションをたっぷりつけて挿入しても、異物感がスゴくて……。やわらかい素材なら桃子の襞がバイブに吸いついていくんだけど、これは無理。本物のペニスは、勃ったときも肌の弾力や温もりがあるもの。**こんな硬さは求めてなーい！**バイブに本物と同じものを期待するのは間違いだけど、少しでも近い感触のほうが、女の子の快感を引き出せるんだとあらためて実感しました。

桃子の満足指数

総合	●●○○○
大きさ	●●○○○
形	●●●●○
感触	●○○○○
動き	●●●○○
使いやすさ	●●○○○

column
3

男性のみなさんへ、桃子からのお願い

残念ながら、桃子はバイブ遊びをカレシに内緒にしていますが、カップルで遊ぶにもバイブは最高のツール。でも間違った使い方をすると、大切なカノジョのカラダとココロを傷つける可能性があります。女の子を代表して、桃子からのお願いは3つ。なによりも、思いやりをもって使ってくださいね。

●お願い①カノジョの意見を最優先に！

女の子のカラダに使うものだもん、できれば男性じゃなくて女の子自身に選ばせてあげて。理想は、ふたりでアダルトショップに行って、実物を見たり、見本があれば手に取ったりしたうえで選ぶこと。「こんなに大きいのはコワイ」「このぐらいやわらかい素材は気持ちよさそう」など、カノジョの感想に耳を傾けてください。アダルトショップはハードルが高いよ……というカップルは、ふたりでパソコンの前に座ってネットショッピング！　サイズや素材などの情報を参考にして選んでね。

バイブヴァージン、もしくはまだ慣れていない女の子には、まずは無理のないサイズを選ぶのがいちばん。できれば細身で、機能もシンプルなものを。彼女に激しい快感を与えたくても、むやみに大きいサイズやパールがたくさん入っているものを勝手にチョイスするのは絶対にNGですよ！

●お願い② ぬるぬるプレイを楽しんで

バイブを何十本と試して桃子が気づいたことのひとつに「バイブのサイズと挿入のしやすさはリンクしない」というものがあります。大きくてもスルッとのみ込めるもの、小さいのになぜか引っかかるように感じるもの。どちらにしろ異物を体内に迎え入れるんだから、ペニスを挿入するのとはワケが違います。だから、ローションはマスト！　桃子もバイブ遊びのときは必ず使っていますよ。

ひと口にローションといっても、肌にやさしい成分のものとか、塗ると温かくなるものとかバリエーションが豊富。気分によって使い分けるのも、楽しいです。桃子がふだん使っているのはいたってノーマルなものですが、お湯で薄めてほんのり温かくしています。自宅のベッドで使う場合でも、タオルを下に敷けば心配ないですよ。

●お願い③ 小刻みに&ゆっくり動かして

無事にバイブを挿入した後も、焦りは禁物。パールとか、バイブレーションのパターンとか、いろいろ試したいのはわかるけど、女の子としてはその前にバイブに襞がからみついて、粘膜となじんでいく感触を楽しみたいの。だから、できるだけシンプルな振動から始めてください。ピストンをするときも、できるだけ小刻みに。ちょっと物足りないかなぁというぐらいの動きでも、なじんでくると女の子のなかでは堪《こら》えきれないくらいの快感を巻き起こすものなんです。大きなストロークで動かして、カノジョの入り口をバイブが出たり入ったりする卑猥なシーンを見て興奮したいという場合は、できるだけゆっくりね。まずはカノジョ自身に動かしてもらって、その深さやスピードを真似する、という方法もイイと思います。

第6章　ときには個性派で気分転換

バイブって基本的な作りは単純なんですよね。
まず、サオがあるでしょ。これにパールが入っていたりいなかったり。
動きでいうと、震えるものと、ぐるぐるとスイングするものがあります。
そのサオからクリバイブがニョキッと生えていて、
桃子のいちばん敏感な性感帯であるクリトリスを
やさしく、あるいはワイルドに感じさせてくれます。
……これが主な機能。ね、いたってシンプルでしょ？
だからってわけではないけど、毎日の生活にバイブが欠かせなくなっているほど
〝依存症〟な桃子でも、ときにはマンネリに陥ることがあるんですよね。

そんなときは、小ワザがきらりと光るバイブを手に取ります。
クローゼットに隠してあるコレクションを前に
あれこれと悩むのも、ちょっとした気分転換の時間。
感じたい場所をピンポイントで攻めるためのバイブ。
いつもとは違う快感のスイッチを押してくれそうなバイブ。
それぞれの個性を見極めることが、イクためのコツですね。

スタンダードなバイブでは得られない快感に出会って
バイブ遊びをより奥深いものにしてくれます。

実験的な試みをしているバイブにも心惹かれるものがあります。
電池を使わないバイブや、心身が健康になれるバイブなど
世界にはこんなにもバイブのことを真剣に考えて
チャレンジしている人たちがいるんだ！って感動すら覚えちゃう。
女の子が欲求を解放させるためのアイテムであり、
カップルがより楽しむための道具でもあるバイブだけど、
その裏には、いろんな人の努力があるんですね。
ますます真剣に、じっくりと、バイブに向きあおうと
思わず姿勢を正してしまう桃子です。

セックスもバイブも、アクセントをつけないと飽きちゃう！
っていうのが女の子の本音。
新鮮な気持ちをキープするために、個性派バイブは効果的ですよ。

サイドバイサイド　47

〝今夜はどのバイブで遊ぼう〟と考えるのは心から楽しいひととき。でも選べないときもあるの。**このバイブの太いサオがイイけど、こっちのゴツゴツしたのも捨てがたいし……**ってね。だから双頭バイブ「サイドバイサイド」を見つけたときは歓声をあげちゃった。片方がペニスの形をしたスリムタイプ、もう片方がパール入りのちょい太めタイプという組み合わせです。

機能は振動のみといたってシンプルで、でもだからこそ、それぞれの持ち味が活かされます。ペニス型はビギナーちゃん向けの控えめサイズですが、カリが適度に張り出しているから桃子も満足。**ジュースがたっぷりあふれて、あれ？　桃子の中、もっと太いのをおねだりしてるみたい。**そこで、もう片方の出番！　パール入りといっても回転はしません。それどころか指で押

どっちのサオが好き？
どっちも好き!!

すとぐにゃりと形を変えるほど、柔軟なんです。**桃子、これ好きだなぁ。**ペニス型のサイズになじんでいた襞が、ゴツゴツとしたパールで押し開かれて……。これって、まるで、**長年つきあっているカレシに内緒で、たくましい男に抱かれて気持ちよくなっちゃったときのうしろめたさに似てるかな**（笑）。あ、桃子は浮気しませんけど！　なのに、こんな妄想をかき立てられるっていうのは、このバイブがそれだけすばらしいコンビネーションってことですね。

桃子の満足指数

総合	●●●●○
大きさ	●●●●○
形	●●●●●
感触	●●●●○
動き	●●●●○
使いやすさ	●●●○○

バイブをコレクションしていて困るのは、乾電池。ほとんどのパッケージに付属してくるので、未使用の乾電池が溜まりに溜まるんです。これって万国共通の悩みなのか、アイルランドで乾電池不要の超エコバイブ「アースエンジェル」が開発されました。充電式は少なからずあるけど、これはなんと自家発電式！ **ハンドルを手でぐるぐると回転させるんです。4分間の発電で30分は使えますが……でも、これが結構しんどいの。**真剣に充電したら二の腕がプルプルしてきちゃった。でもスイッチを押して**バイブがぶるっと震えたときは、苦労の甲斐があったなぁなんて感動しちゃいます。**

さらに素材まで、エコ。100%再生可能な素材で、人体への安全性も医療レベルで保証されているんだって。ただ、気持ちいいかどうかっていうと……、これは別のお話。**だって、硬くて冷たいんだもん。**おまけに凹凸のない形なので、襞とのあいだに摩擦が起きません。脚のあいだに挟んでクリや花びらを刺激するぐらいしか、気持ちよくなりようがないんです。

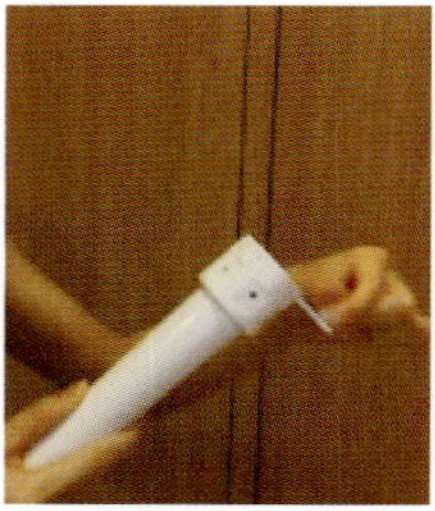

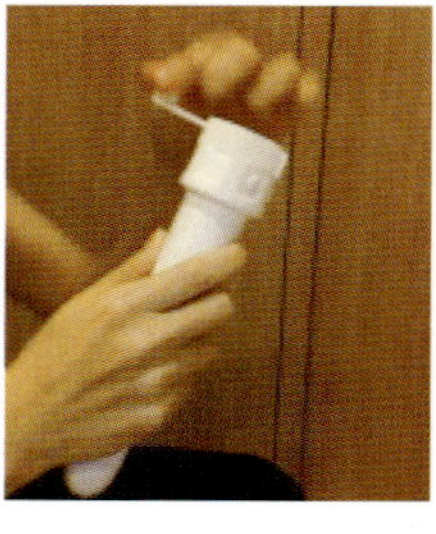

地球にやさしいエコバイブ。コンセプトはステキだから、もうちょっと素材を模索してほしいな。**バイブは女の子を気持ちよくするのが大前提。**エコとエロを両立するバイブができれば、世界的に大ヒットしますよね、絶対！

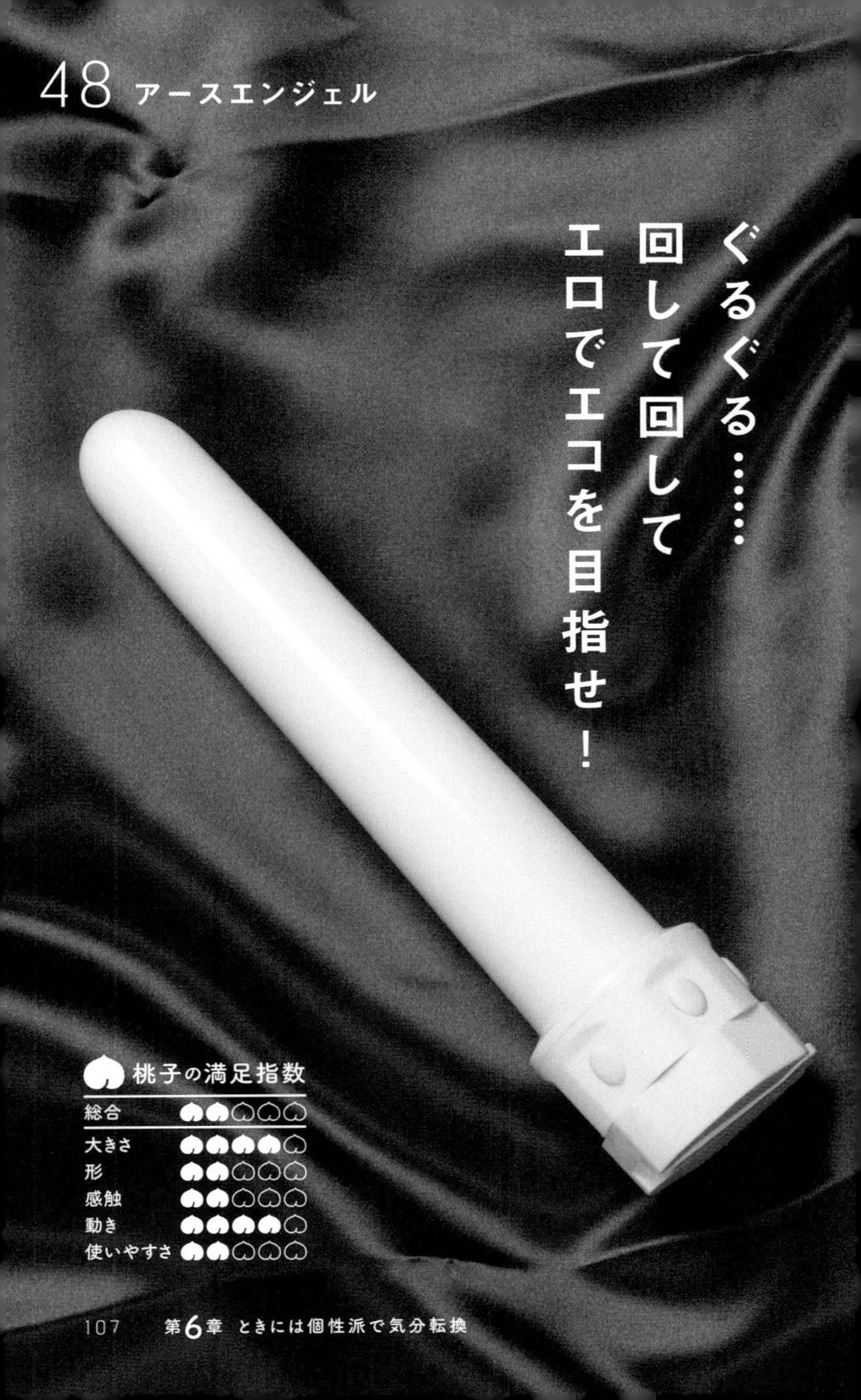

48 アースエンジェル

ぐるぐる……
回して回して
エロでエコを目指せ！

桃子の満足指数

総合	●●○○○
大きさ	●●●●○
形	●●○○○
感触	●●○○○
動き	●●●●○
使いやすさ	●●○○○

クリッターフリック 49

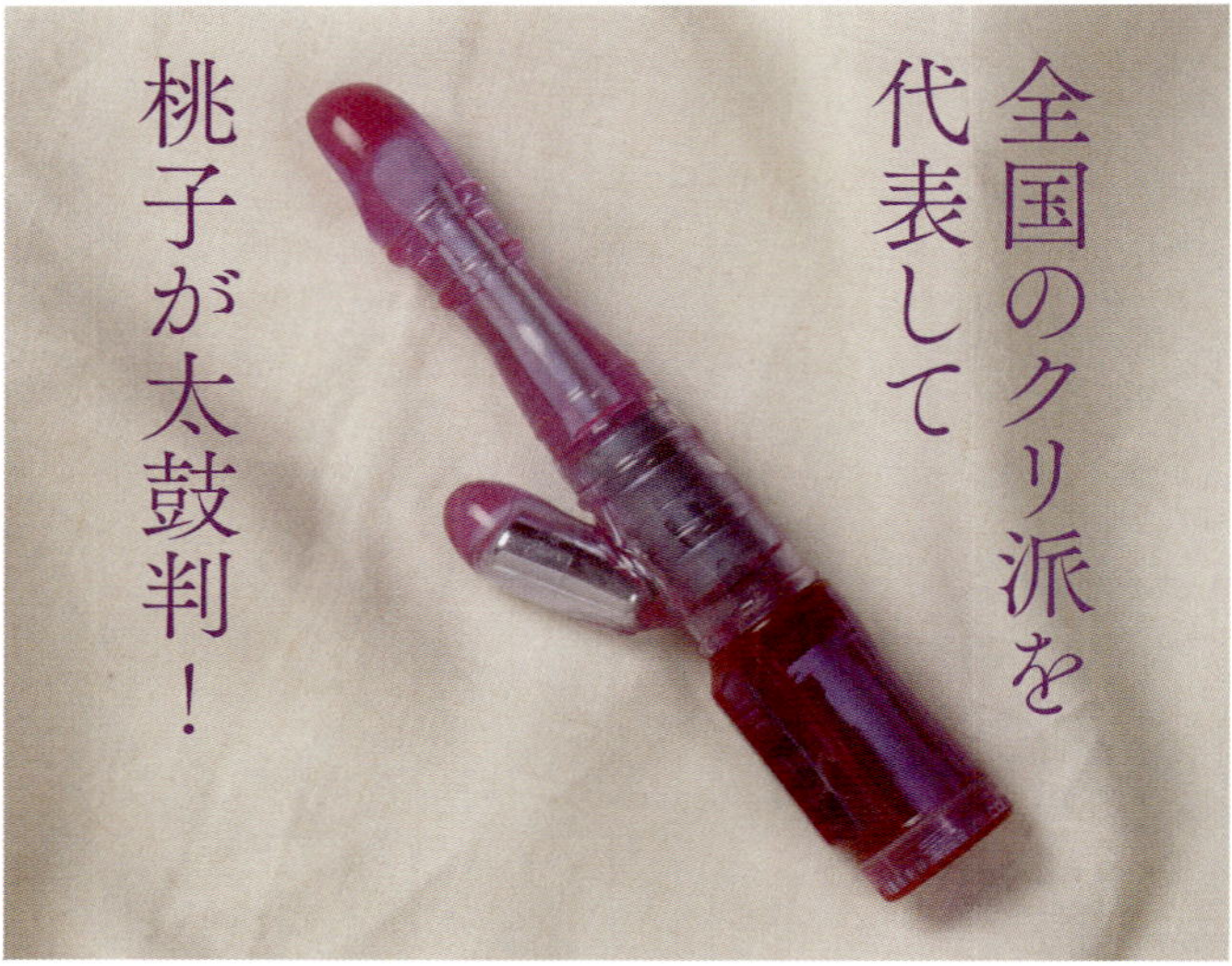

全国のクリ派を
代表して
桃子が太鼓判！

桃子がクリトリスの快感に目覚めたのは、13歳の春。早熟でした。三つ子の魂じゃないけど、いまでもクリ派だから「クリッターフリック」のようなバイブに目がないの。スコップみたいな変わった形の亀頭は、クリトリスにピッタリあてがうための絶妙なデザイン。もちろん、モーターを内蔵したクリバイブもついてます。**スコップ状の亀頭をあててクリをこねてもよし、クリバイブでしびれさせてもよし。**2種類の快感を得られるなんて、ゼイタクですよね。

桃子の満足指数

総合	●●●●○
大きさ	●●●○○
形	●●●●●
感触	●●●○○
動き	●●●●○
使いやすさ	●●●○○

50 Dr.Seki V1《ドクターセキ・バージョンワン》

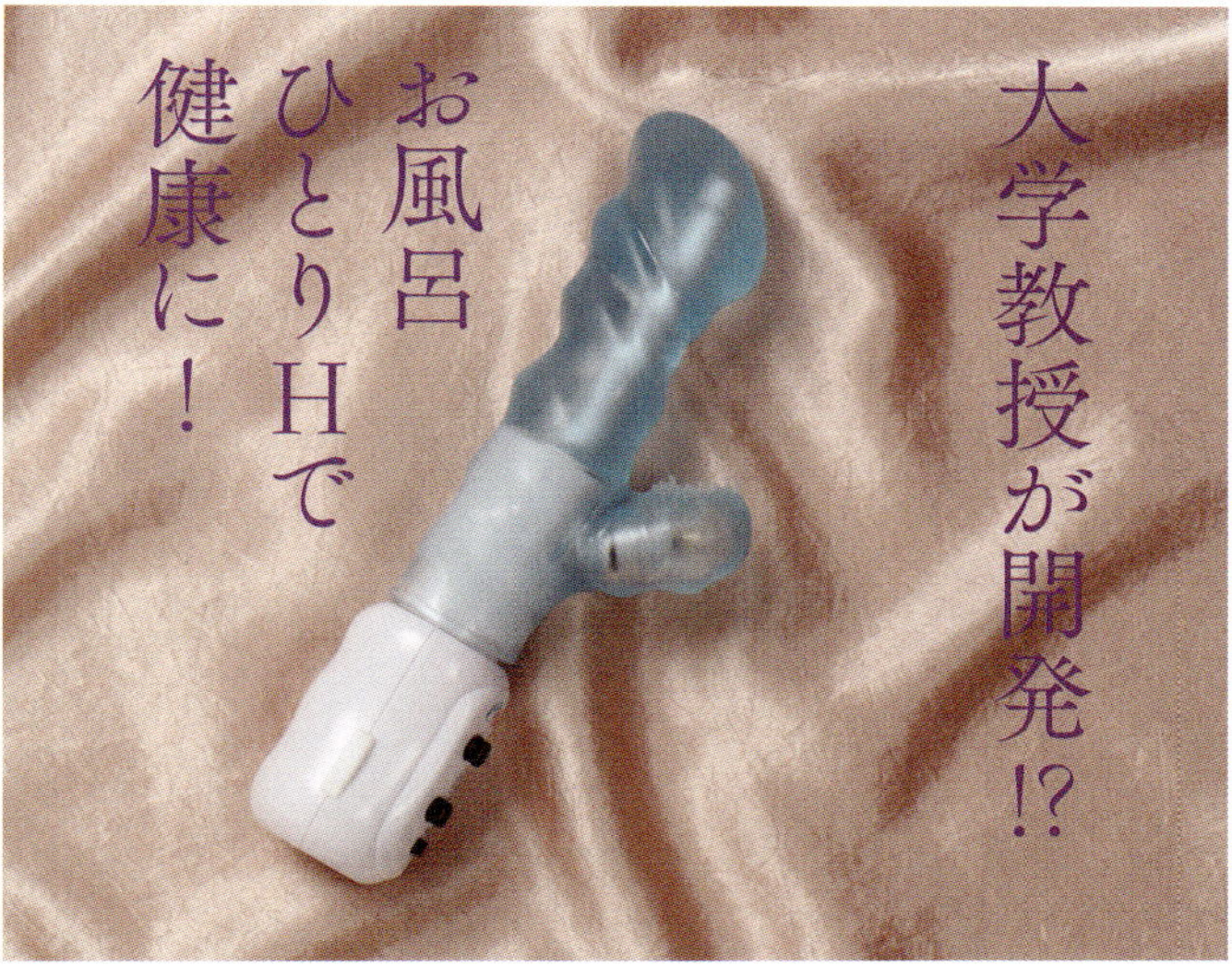

大学教授が開発!?
お風呂ひとりHで健康に!

海洋療法の研究者、関邦博教授が開発した「Dr. Seki V1」。湯船につかってリラックスしているときに、バイブで遊ぶと心身が健康になる!という研究結果に基づいているとか。だから、このバイブは完全防水。コントローラーにカバーをかけて使います。**桃子も数日、入浴中に試してみました。さて、その効果は……うーん、正直わからない!** もっと長期的に使わないと結果が出ないのかな。でも半身浴の時間が長くなるからダイエット効果はありますよ。

桃子の満足指数

総合	●●●○○
大きさ	●●●●○
形	●●●●○
感触	●●●○○
動き	●●●○○
使いやすさ	●●●○○

スウィートスライド 51

ピストン運動する パールで スウィートな刺激

パールが入ったバイブは世のなかに数えきれないほどありますが、「スウィートスライド」はちょっと変わりダネ。シルバーの小粒なパールが整然と並んでいて、回転ではなく上下にスライドするの。**挿入してから動かすと、まるでピストン運動されてるみたい。**桃子の敏感なところをパールが往復するたびに、知らず知らずのうちに熱い吐息が漏れます。コントローラーで上下運動のスピードを**最速にしても、欲張りな桃子はまだ物足りなくて……。**さらなる刺激を求めて腰が自然と浮いてしまう。そんな自分を恥ずかしいと思いながらも、快感を貪ることをやめられない桃子でした。

桃子の満足指数

総合	●●●●○
大きさ	●●●●○
形	●●●●○
感触	●●●○○
動き	●●●●●
使いやすさ	●●●○○

52 キレイキレイ

長～いお耳に弄ばれたい♥

サオが長～い「キレイキレイ」。パールも根元近くに入っているので、奥までぐっと押しこんでほしいという意図を感じます。桃子は子宮の入り口まで攻められるのは苦手なんだけど、それが好きな女の子はぜひトライしてみて！ でも奥が得意じゃなくても大丈夫。ウサちゃんの耳がピョーンと伸びたクリバイブは、あまり押しこまなくても敏感なところに確実にタッチできます。硬すぎずやわらかすぎず、**適度な感触の耳がプニプニとクリを弄《もてあそ》んでくれますよ。**

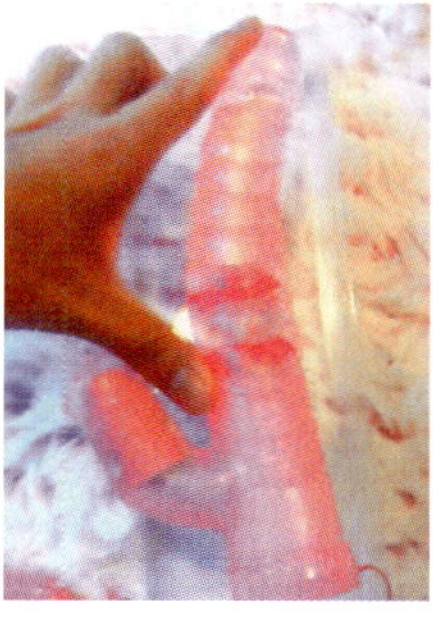

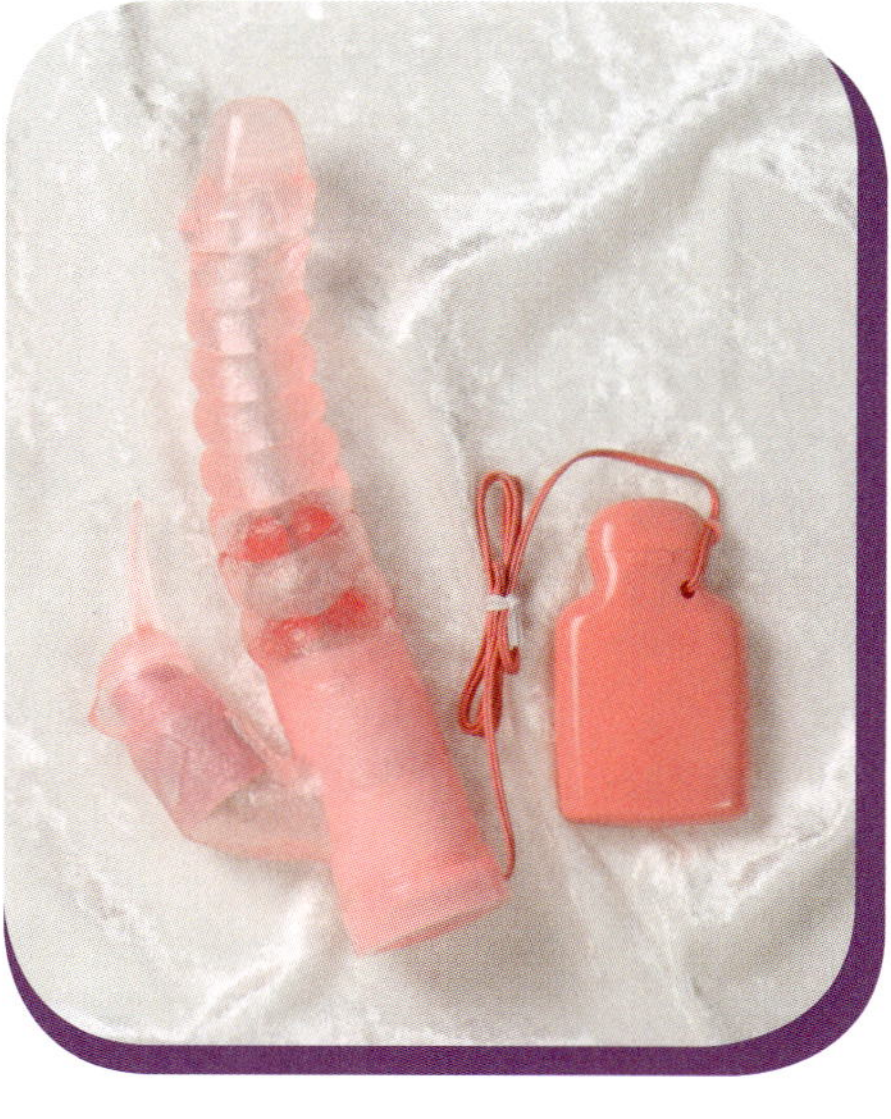

桃子の満足指数

総合	●●●○○
大きさ	●●●○○
形	●●●○○
感触	●●●●○
動き	●●○○○
使いやすさ	●●○○○

レッドドラゴン 53

まるで複数の男の人と……
桃子、いけない子

いかついデザインに最初は尻ごみしてしまいましたが、実は女の子のひとりHのときにこそ活躍してくれる「レッドドラゴン」。目玉は10種類のバイブレーションです。単調なパターンのときは手でバイブを少し乱暴に動かして、サオのギザギザを感じます。強弱がリズミカルに変わるパターンのときは、あまり動かさずに振動そのものを楽しんで。**1本でこんなにたくさんの刺激を楽しめるなんて、**まるで一度にいろんな男性としてるみたいで、ドキドキしちゃう！

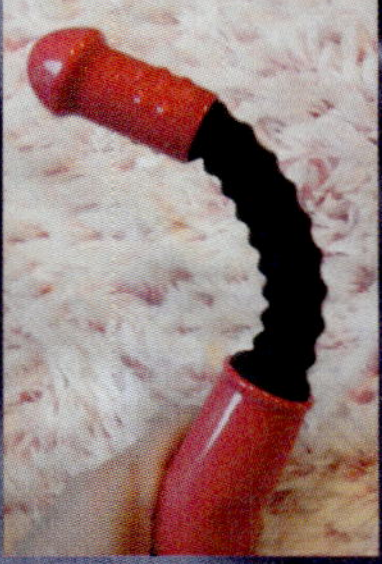

桃子の満足指数

総合	●●●○○
大きさ	●●●●○
形	●●●○○
感触	●●○○○
動き	●●●●○
使いやすさ	●●○○○

54 リミテッドエディション ラビット

感じながら
ポイントを探って
一気に絶頂へ！

〝バイブレーションをちょっと強くしたいな〟〝パールの回転はもう少しゆっくり……〟桃子はバイブを使いながら細かく調整をしていきます。**コレッ！っていう強さやスピードにならないと、イクのって難しいもんね。**「リミテッドエディション ラビット」はコントローラーがとても使いやすいの。ボタンを軽くタッチするだけで、強弱を変更できます。快感の波を途切れさせることなく好みの動きにできるから、絶頂に達しやすくて◎です。

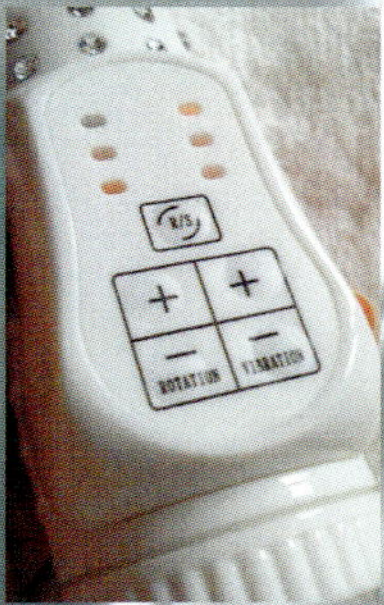

桃子の満足指数

総合	●●●○○
大きさ	●●●●○
形	●●●○○
感触	●●●○○
動き	●●●○○
使いやすさ	●●●●○

オルガスティック　55

最大直径1・6㎝の「オルガスティック」は、（本物も含め）桃子史上最細！　使う前は〝こんなに細いと挿入してもわかんないかも〟なんて心配をしていました。でも細くたって、感じるところにアプローチさえできればいいんだよね。かゆいところに手が届く孫の手さながら、気持ちいいところを確実にタッチできるバイブなのです。おまけに細いボディに似合わない強力な振動だから、スイッチを入れた途端、すぐに桃子の中がきゅーって締まったの。さらに**クイッと曲がった先端で、Ｇスポットをちょんちょんといじると、桃子の感度が急激にアップ**。ひとりで体をくねらせたり喘いだり、思う存分淫らな時間を過ごしました。

細い子だってヤルときはヤル！

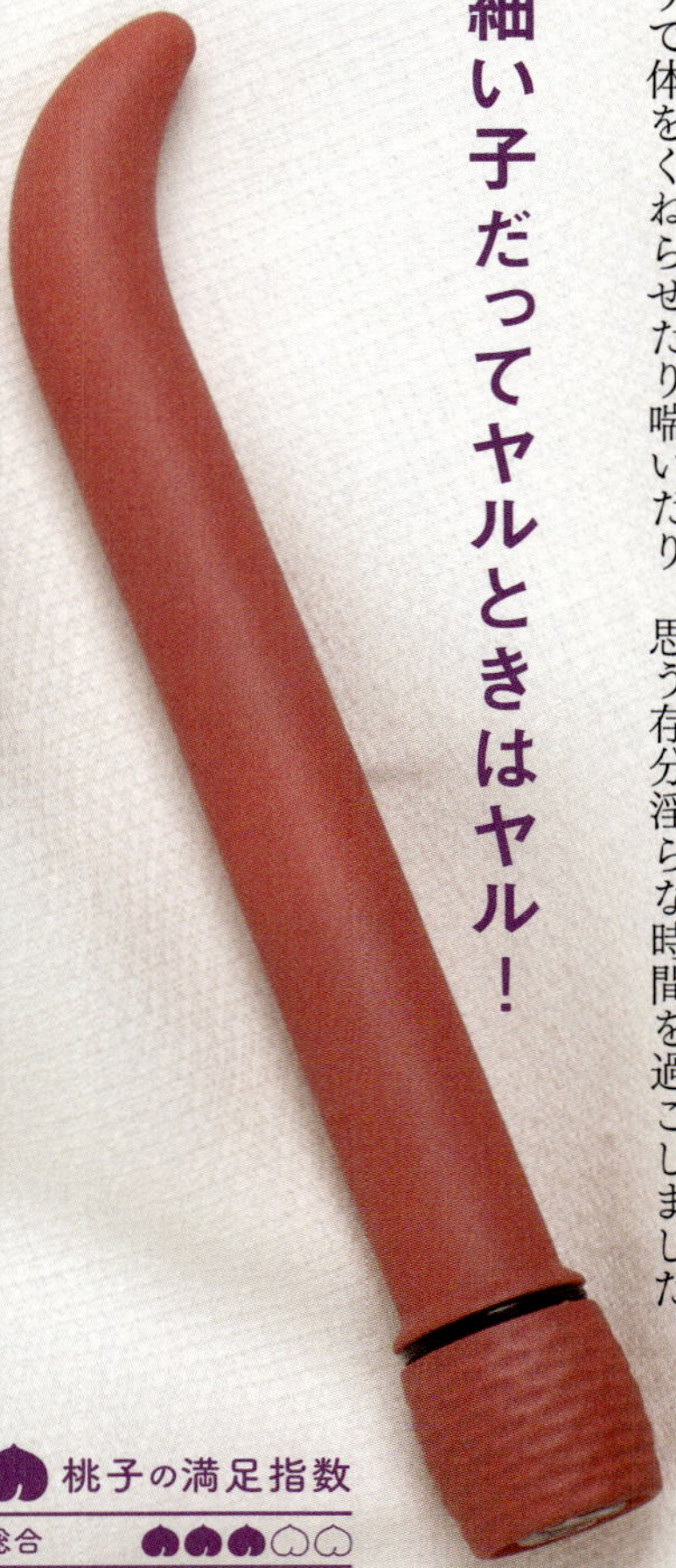

桃子の満足指数

総合	●●●○○
大きさ	●●●○○
形	●●●●○
感触	●●○○○
動き	●●●○○
使いやすさ	●●●○○

56 サルトリースリム

恥ずかしいくらい本物っぽい

ショッピングサイトによってはアナル用として販売されている「サルトリースリム」ですが、もちろんふつうに使ってもOK！　超細身ですが、バイブレーションの種類が豊富だから物足りないということはありません。好きな振動パターンを追究したり、**スリムなボディを活かして感じる挿入角度や深さをいろいろ試したり**して、自分の快感の幅を広げていくのが桃子のおすすめ。ちなみにこのバイブ、よく見ると血管とか、皮膚が隆起している感じとか、すごくリアル。こういうのを見るだけでドキドキしちゃう女の子も多いんじゃないかな。**桃子も見ているうちに“本物”が欲しくなっちゃった。**

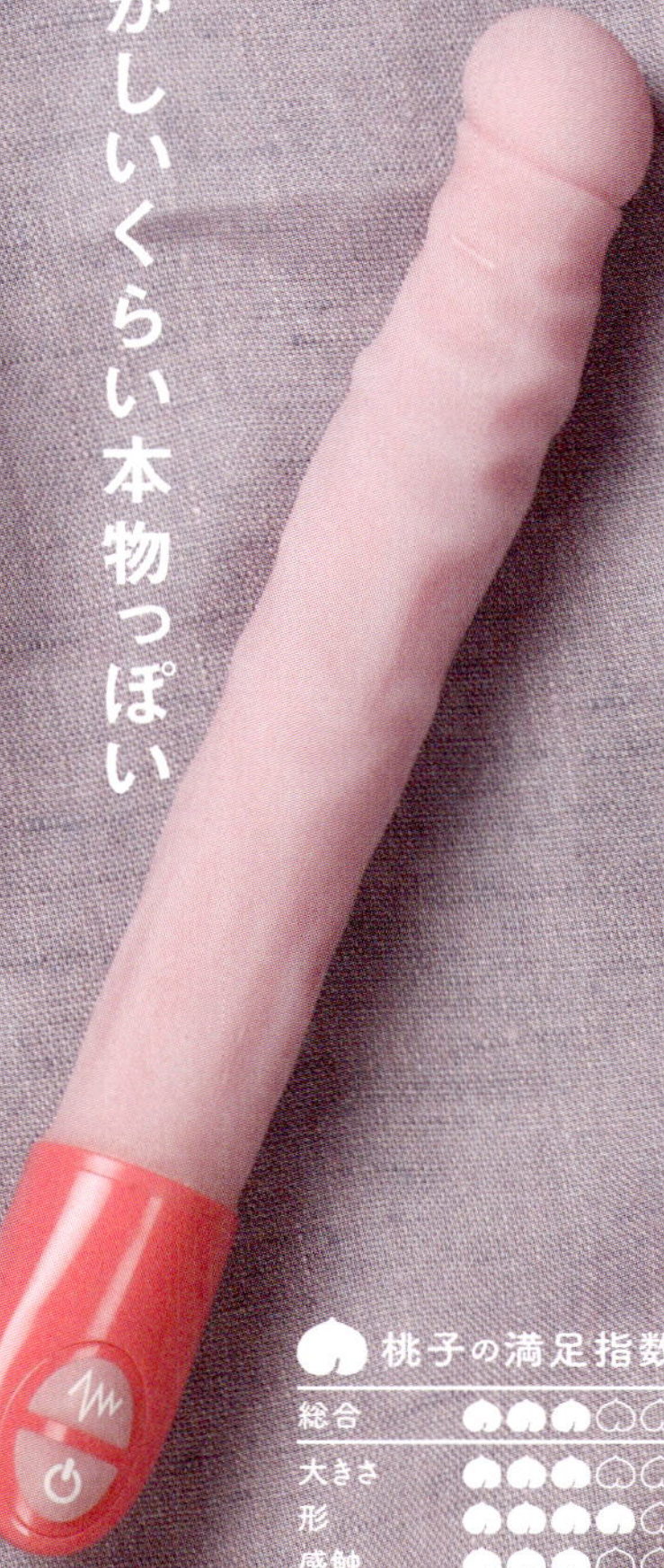

桃子の満足指数

総合	●●●○○
大きさ	●●●○○
形	●●●●○
感触	●●●○○
動き	●●●○○
使いやすさ	●●●○○

Gウェーブ 57

次から次に押し寄せる いろんな快感

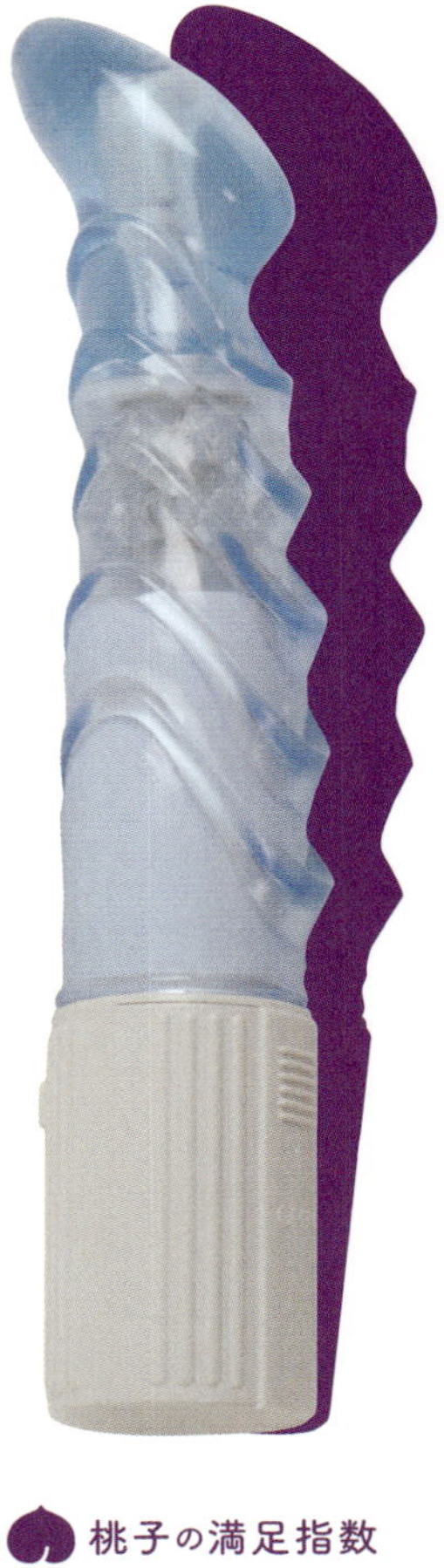

ふっくら張り出したカリと、波のような形の凹凸、そしてパール。まさに小細工満載の「Gウェーブ」です。**手で出し入れすればカリのエッジで擦られ、気持ちよくて喘ぎ始めたと思ったら小さな突起に襞をザワザワとなぞられ……**、次から次へと違う快感が押し寄せてきます。セックスでもマンネリってよくないでしょ。おもちゃを使ったひとり遊びでも、こうしていくつかの種類の刺激を織り交ぜたほうが、快感を長くキープできるんですよ。

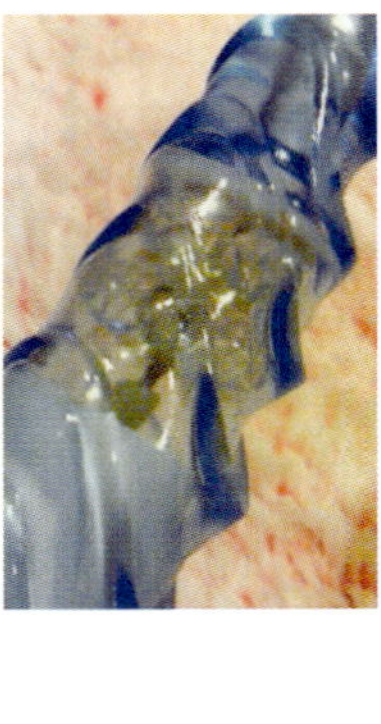

桃子の満足指数

総合	●●●○○
大きさ	●●●○○
形	●●●●○
感触	●●●○○
動き	●●●○○
使いやすさ	●●●●○

58 ポコポコ7

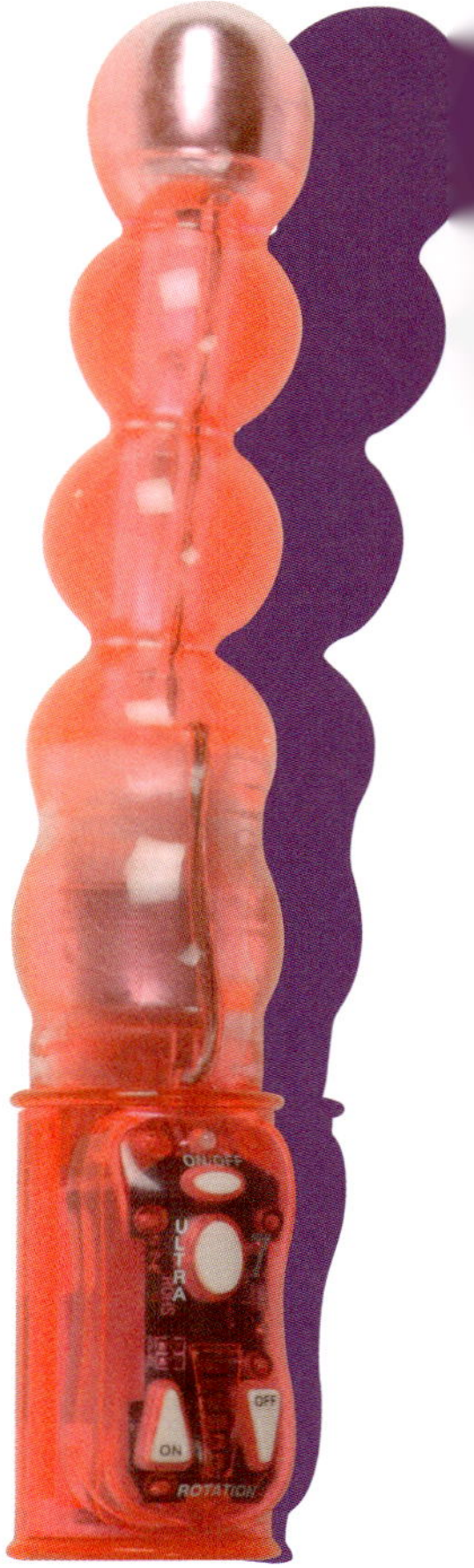

このポコポコ、奥で感じる？ スイングしてみる？

赤いボールを4個数珠つなぎにした形状の「ポコポコ7」は、これを挿入したらどうなっちゃうんだろう?と想像をかきたてられる1本。ボールの直径は各4cm、かなりの大きさです。1個入れて一息つき、続けてもう1個……と時間をかけて挿入。その後はスイングさせて楽しむか、先端のパールに内蔵されたモーターを振動させて楽しむか……桃子は後者を選びました。奥まで届いてるから、**快感が中からクリ、花びら、内腿へと広がっていきます。**下半身全体が脱力するような、しびれるような。そして、自分の快感を制御できなくなったとき、大きな波にさらわれるように一瞬で昇りつめてしまったのでした。

桃子の満足指数

総合	●●●○○
大きさ	●●●○○
形	●●●○○
感触	●●●○○
動き	●●●●○
使いやすさ	●●●○○

血の繋がらない父娘の濃密な歳月。やがて年頃となった養女・ゆかりは、大好きな〝お父さん〟にプレゼントを残し、新婚旅行へと旅立った。そこにいたのは、親友の美帆だった。

ふっくらとした桃色の唇に自分の唇を押しあて、美帆の舌が痺れるほどに吸ってやる。ブランディの香りのする唾液を流しこむと、従順に、いや熱意さえこめて若い娘は喉を鳴らした。

「はあっ」

唇を放すと、大きく息をつき、縄でくびられた乳房を弾ませる。その肉丘を制服の上から摑み、揉みしだくと、手応えは弾力に富んでいた。

「う、あ……」

幼女のようなあどけなさされ感じられる童顔が歪み、白い歯の隙間から熱い呻きが洩れた。

館淳一『卒業』幻冬舎アウトロー文庫

女を騙す悪い男たちに近づき、女の色香で罠にはめ、大金を騙し取る。和装の似合う妖艶な音女は、その裏稼業で目的の男を探すなか、喫茶店のマスター徳田と出会い、心を許してしまう。


「ね、欲しいの」

音女は顔を離して囁いた。

「まだだ」

ふたたび徳田は唇を塞いだ。

乳首だけをいじっていた指が、ようやく下腹部に下りた。翳りをなぞり、肉のマンジュウを撫で、中心のワレメに潜り込んだ。塞がれている唇から、くぐもった声が洩れた。

やさしく卑猥な指が二枚の花びらを確かめ、トロトロにぬめった秘口に押し入った。

「くっ……」

焦らされていただけ敏感になっている女の部分が、キュッと徳田の指を締めつけた。

藍川京『蜜猫』詳伝社文庫

第7章 やっぱり肌触り!

ランジェリーにタオルにシーツ、
肌に直接触れるものの素材や質感にこだわるのは、女の子の常識です。
じゃあバイブは？
もちろん、桃子はこだわってますよ。

男の人って、硬いほうが女の子は悦ぶと思っていませんか？
それは完全に誤解！
桃子が気持ちいいと感じるものは、ピチピチとした弾力があったり、
しっとり滑らかだったり、とにかくソフトなものです。
そういった素材のほうが、粘膜になじみやすいように感じるんです。
締めつけやすいしね。
硬いものだと襞が絡んでくれないし、
挿入したときに冷たく感じてしまうのも、難点です。
理想は、手でつかんだときに指がはね返されるぐらいの
軽い弾力があって、なおかつスベスベとした肌触り。
そんな1本に出会うと、試す前にその感触を手で楽しんじゃう。

ちょうどセックスを始める前、イチャイチャしているときに彼の股間に手をのばし、まだ小さいソレを手で弄ぶような感覚で。
期待を高めるための、ちょっとした前戯のようなものです。

そしてなにより大事なのは、安全な素材であること。
シリコンやエラストマーなら心配することはないけど、
なかには肌に触れるとかぶれたり、かゆくなったりする素材もあるようです。
コンドームを装着すれば安心とはいえ、なんかシラけちゃうでしょ。
形によってはかぶせにくいものもあるしね。
かぶれるんじゃないか……って心配があると、快感どころじゃなくなります。
上質の素材を使ったバイブをナマで挿入し、
その質感まで楽しむというのがベストだと桃子は思っています。

むちむち、つるつる、スベスベ——肌に心地いいものは、粘膜にも気持ちいい。
男性が女の子の肌に求める質感と、なんだか似ていますね！

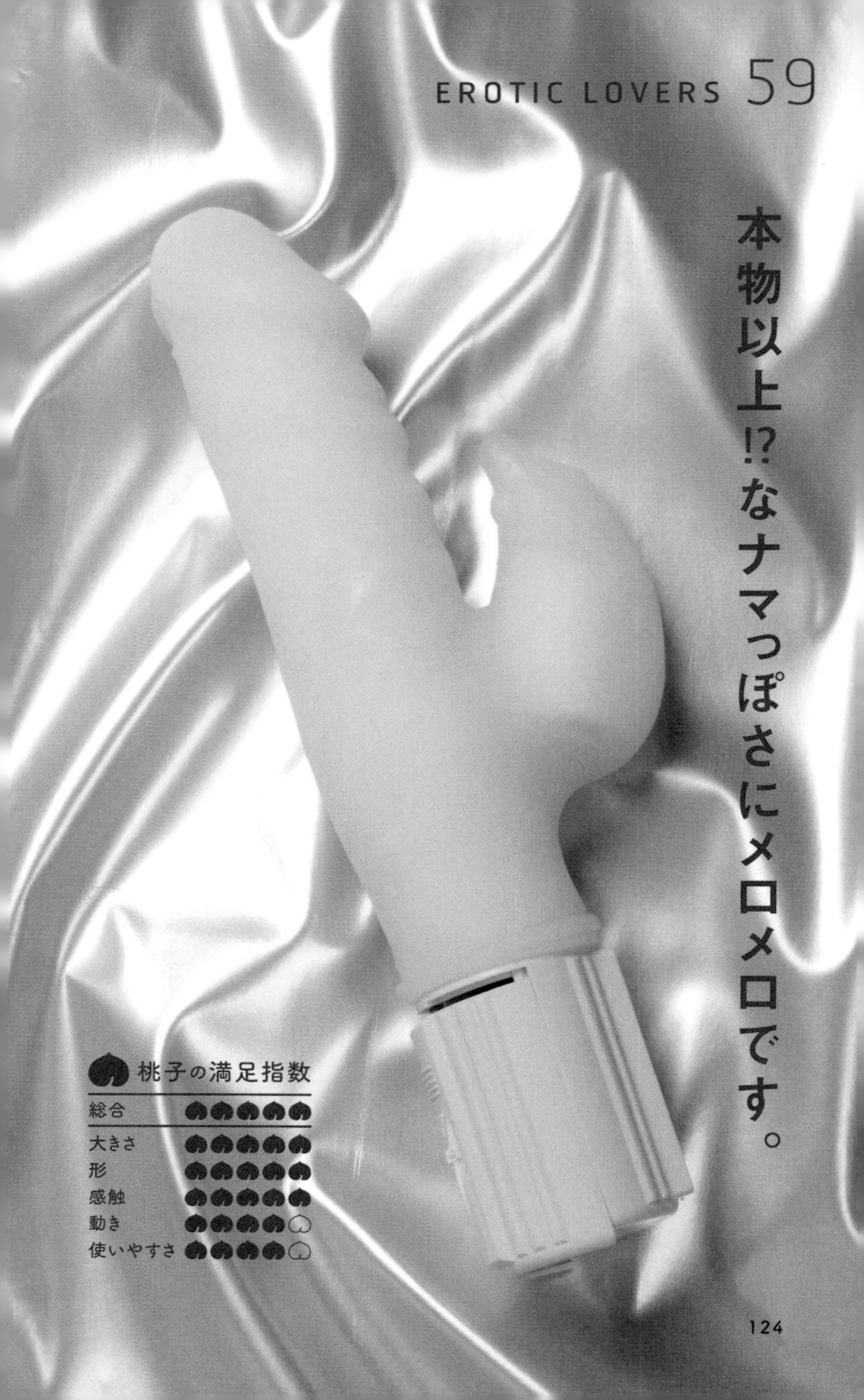

本物以上!?なナマっぽさにメロメロです。

桃子の満足指数

総合	●●●●●
大きさ	●●●●●
形	●●●●●
感触	●●●●●
動き	●●●●○
使いやすさ	●●●●○

〝バイブがあれば本物がいらなくなるのでは？〟という質問をよくいただきますが、桃子に言わせればこれはまったくの愚問。バイブを使えば使うほど〝やっぱり本物がイイ〟と感じるようになるの。ところが「EROTIC LOVERS」に出会って、そんな気持ちが揺らいじゃった。だって触れたらまるで人肌！　ぎゅっと握ったときに指に返ってくる感触が、**ちょっとフニャってるときのペニスそのものなのです**。それでいながら表面はベトつかず、しっとり♥

感動的なのはクリバイブ。ローションをたっぷりつけてクリトリスをタッチすると、舌で愛撫されているときの感触とそっくり。**大きく脚を開いて、その間に彼の頭があるのを想像しながら、全身の神経をクリに集中させます**。彼の舌でつつかれているようで、でも振動がある分それよりずっと刺激的。ただでさえふくらんでるクリがますます大きくなっていくの。

クリトリスに快感を残したまま一気に挿入すると、またまた溜め息。感触がナマっぽいんです。桃子の膣内いっぱいにフィットしてくれる感じは、まさに初めての体験でした。ふだんなら激しいピストンは苦手だけど、これは肉厚の素材がクッションになってくれるから奥にあたっても平気。思いきり淫らに手を動かす自分の姿を思い浮かべると羞恥心がむくむくとわき起こってきて、桃子にとってはそれさえも快感のための潤滑油に。**最後はわざと大きな声をあげて、果てました**。

本物のほうが好き。その気持ちに変わりはないはずだけど、これだけリアルな肌触りのバイブを前にすると……正直、迷っちゃうなぁ。

これってバイブなの？　写真を見てそう思った人ーっ！　ハイ、桃子もまったく同じ感想を持ちました。見ただけではどう使えばいいのかまったくわからない「マンドリアン・ドット」。手に取ってみるとさらに驚きなんです。表現が難しいけど、強いて言うならワラビ餅のようなやわらかさ。**固体と液体の中間で、かろうじて形を保っているような、はかなげな肌触りです。**

こんなにやわらかくても、先端まで芯が通ってるから挿入は問題ナシ。でも、使い方はご自由に……って言われるとかえって考えちゃう。桃子はちょっと悩んで、まず股間全体にぴったりとあてがいました。この形、すごくイイ。クリからおしりの穴までふんわりと包まれている感じ。モーターは細くなっている先端部分と、どっしりとしたおしり部分の両方に入っていて、それぞれ強弱を調整できます。こうして包まれた状態でスイッチをＯＮにすると、細やかなさざ波が押し寄せてくるような独特のバイブレーションに、すぐに気持ちよくなっちゃった。

初めての快感による興奮も醒めないうちに、桃子は細い部分を中にくわえ込むことにしました。直径３㎝と小粒だけど、桃子の中はすごく感じるの。やわらかく濡れたこの感触。もしかすると、**女の子の口に包まれたペニスってこんな快感を味わっているのかな？**　そんな淫靡な刺激に身を委ねていると、桃子、このバイブと一体化しちゃったような、奇妙な錯覚に襲われたの。どこまでが桃子の襞で、どこからがバイブなのかわからない……。たくさんのバイブを使ってきたけど、こんな感じ方は初めて。あーぁ、もっと早くこのバイブと出会いたかったな。

60 マンドリアン・ドット

桃子の襞と一体化する極やわバイブ

桃子の満足指数

総合	●●●●○
大きさ	●●●●●
形	●●●●●
感触	●●●●●
動き	●●●●○
使いやすさ	●●○○○

サイバーナイトムーブ・ピンク 61

サイバーナイトムーブ・ブルー 62

ソフトで丸っこい赤ちゃんみたいなかわいい子♥

桃子の満足指数

総合	●●●○○
大きさ	●●●○○
形	●●●○○
感触	●●●●●
動き	●●●○○
使いやすさ	●●●○○

全体的に丸っこいシルエットがかわいらしい「サイバーナイトムーブ」シリーズ。〝サイバースキン〟という独自の素材を使っているようですが、スベスベしていて、**赤ちゃんのほっぺみたいな弾力があります。**どちらも先端のほうにはモーターが入っていないから、桃子的には高評価。**根元はしっかり振動して、でも奥にはやさしくタッチしてくれるのって理想的です。**

　素材についてもう一言。これ、なんだかイイにおいがするんですよ。石けんみたいな。イヤなゴム臭のするバイブって実は多くて、桃子はそれがとても苦手。においに敏感な女の子って多いから、ここまで気を遣ってくれているバイブって好感度が上がっちゃいます。

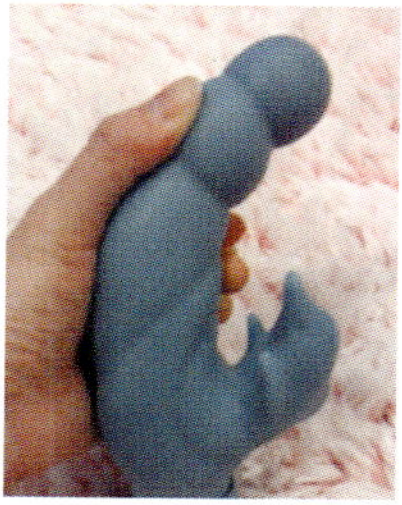

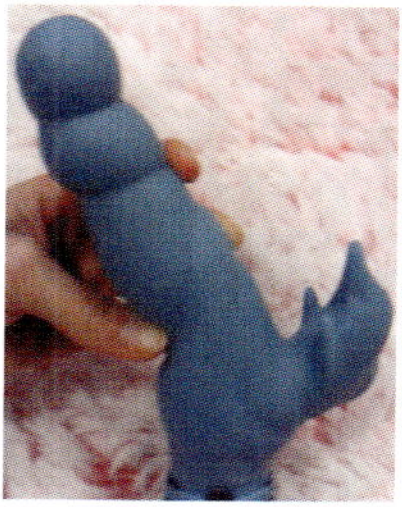

　バイブとしての実力も、申し分ないです。どちらもサオの動く範囲が広いから、感じるポイントを探しやすい。ぐりぐりと多少強めに押しあてても平気なのは、ソフトな素材だからこそですね。

　女の子が感じるのはGスポットと、いちばん奥。**今夜はどっちでイケばいい？　どっちがイキたがってる？**　桃子は自分のカラダに聞きながらバイブを操ります。考えてるあいだも手だけは忙しく動かすから、ますます気持ちよくなって、Gも奥もヒートアップするの。どっちでイッてもカラダ中が満たされることはわかってるから、そんなに迷わなくてもいいのにね。

クリオネ 63

見た目も挿入も滑らか！ 頬ずりしちゃうスベスベ感

形や色の愛らしさもさることながら、「クリオネ」を気に入っているいちばんの理由は、なんといってもこのシルキーな素材です。思わず頬ずりしたくなるほどスベスベなの！　挿入したときの感触も期待を裏切らない滑らかさ。先端の曲線は見た目にもやさしげだけど、サイズも大きすぎず小さすぎず、桃子の中にぴったり収まってくれる感じ。**抵抗感がまったくないから、するりするりとのみ込まれていきます。**あとは膣襞でバイブレーションを感じ、クリトリスでクリオネと思しき不思議生物の繊細な触覚を感じるだけ。ねっとりと湿った襞のあいだを滑るように動く快感は、ほかのバイブでは味わえません。

桃子の満足指数

総合	●●●●○
大きさ	●●●●○
形	●●●○○
感触	●●●●●
動き	●●●○○
使いやすさ	●●●○○

64 クリステル シーズン1

刺激もひときわセクシーに

透明感がありながら、むっちり肉厚ボディの「クリステル シーズン1」。最大直径4㎝だけど、中で締めつけるたびに形を変えるほど柔軟だから、**ビッグサイズのバイブにありがちな〝はさまってる……〟という感覚はありません。**シーズン「2」（60ページ）「3」（88ページ）と比べると、構造はシンプル。まずは振動に反応して襞がきゅっきゅっと伸縮する快感に身を委ねてから、サオのギザギザを楽しんで。**深いカットなので、大きく出し入れするよりも、小刻みに動かすほうが桃子は好き。**襞を刺激して、奥をノックして、それも角度を変えるごとに感じ方が変わるの。多彩な快感を与えてくれます。

桃子の満足指数

総合	●●●○○
大きさ	●●●●●
形	●●●●●
感触	●●●○○
動き	●●○○○
使いやすさ	●●●○○

今夜はナマで感じたい！

華やかな見た目の「ラブネーゼ」。でもよく見ると、血管やシワが再現されていて意外とリアル！　大きさも日本人男性の平均サイズなんだって。**なんだか生々しくて、ついカレシのを思い出しちゃった。**しかも素材が安心なエラストマーだから、ゴムをつけずにこのリアルさを体感できちゃうの。ふだんはちゃんと避妊している桃子ですが、**ペニスもバイブもナマのほうが気持ちいいってことは知ってるもん。**振動がよりダイレクトに伝わってくるし、サオに施された細かい凹凸からカリの端っこまで、しっかり感じることができるからね。小刻みに動かすだけでも興奮するの。うーん、やっぱりナマがいちばんだよね。

桃子の満足指数

総合	●●●●○
大きさ	●●●●●
形	●●●●●
感触	●●●●●
動き	●●●○○
使いやすさ	●●●○○

66 ワインディングウィドウ

女の子思いで紳士的

「ワインディングウィドウ」には、米国の検査機関でパッチテストをし、皮膚への刺激がなく異常反応を起こさないと証明されたことを示す〝SAFE&CLEAN〟マークがついています。素材が不明なバイブもあるから、この気遣いはうれしいですね。さらに形も優秀。くの字に曲がっているから中で角度を調整しやすいの。先端なり側面なり、好きな部分に密着させられます。**あらゆる面で女性のカラダを思いやってくれる、こんなバイブがもっと増えるといいな。**

桃子の満足指数

総合	●●●●○
大きさ	●●●●○
形	●●●●○
感触	●●●●●
動き	●●●○○
使いやすさ	●●●●○

ラブラブバイブ 67

女性が開発したという「ラブラブバイブ」。たしかに女の子が素直に好き！と思えるポイントがたくさんあります。花や☆の模様が散りばめられたサオは見た目はかわいいけど、中に入ると意外に激しいの。**桃子の襞をいやらしくめくりあげてくれるから、あぁ、すごく感度が上がっちゃう。**素材は、女の子にやさしいエラストマー。安全性も高いし、なにより弾力がイイ！ 特にクリバイブの大きさとやわらかさは、まるで女の子の乳首みたいで、ずっと触っていたくなります。あ、でも指で遊ぶものじゃないですね。ローションを塗りたくってからクリにあてるとたちまち濡れて、挿入が待ちきれなくなっちゃうよ。

桃子の満足指数

総合	●●●●○
大きさ	●●●●○
形	●●●●○
感触	●●●●○
動き	●●●●○
使いやすさ	●●●●○

68 バイブラグッチ ラメラ

「バイブラグッチ ラメラ」ほど、見た目を裏切る肌触りのバイブもめずらしいな。蛇腹状のサオを見るとギョッとしますが、実は触るとすごくやわらかいの。ふわふわした感じ。クリバイブの先端も尖っているけどソフトなあたりで、これでクリをつつくと、とてもやさしい快感に浸れます。**こんなに小さくてやわらかなもので気持ちよくなるんだから、女の子のカラダって不思議ですよね。**挿入後は、蛇腹が存在感を発揮！　ちょっと動かしただけで腰のあたりがゾワゾワッとなって、最初は気持ちいいのか悪いのかイマイチわからないんだけど、しばらく繰り返すと本格的に熱くなってくるの。時間をかけてつきあってみてね。

桃子の満足指数

総合	●●●●○
大きさ	●●●●○
形	●●●●○
感触	●●●●○
動き	●●●○○
使いやすさ	●●○○○

チュービィG　69

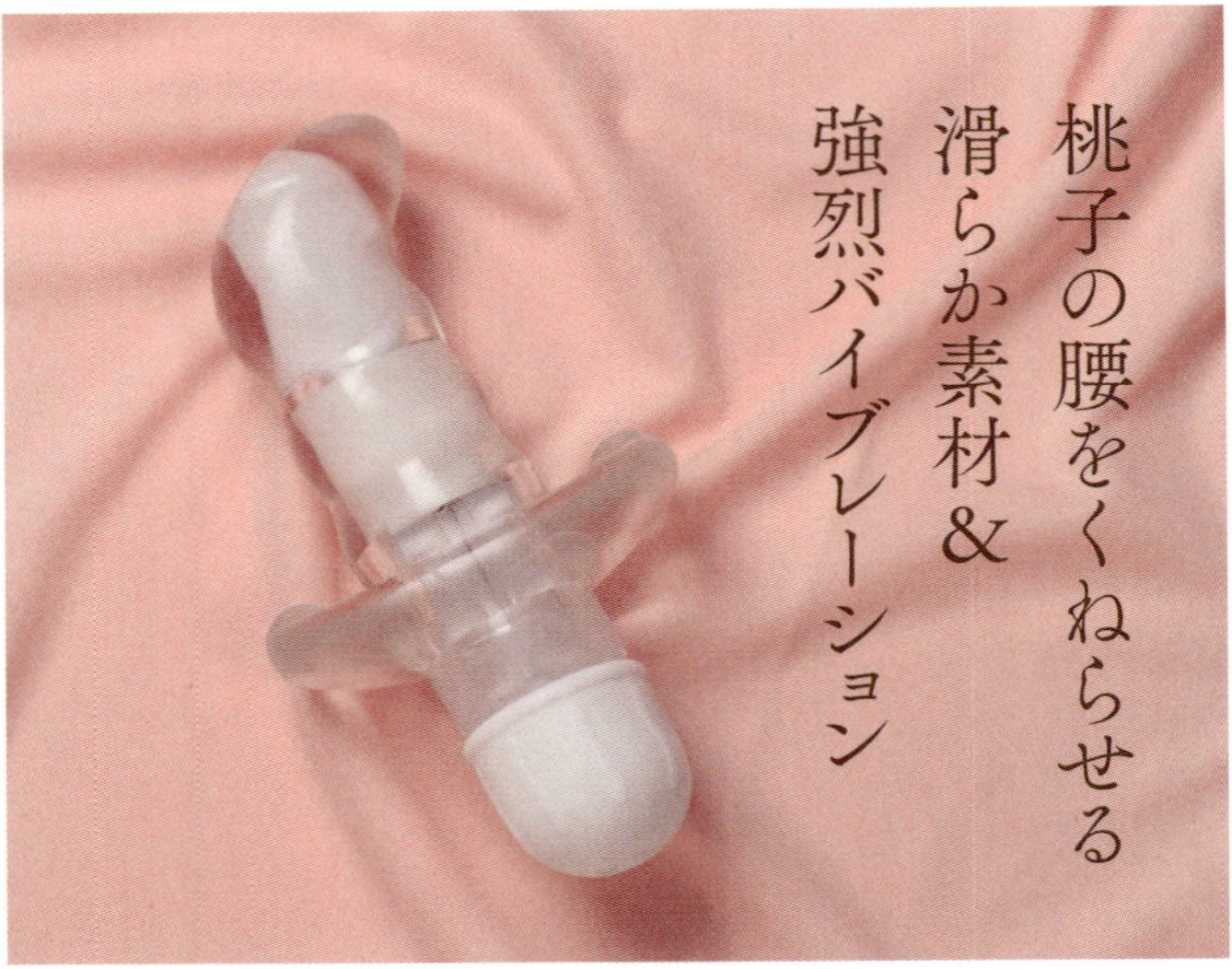

桃子の腰をくねらせる滑らか素材&強烈バイブレーション

「チュービィG」に使われている素材は〝Supple TPE Material〟。耳慣れないけど、エラストマーの一種みたい。最大直径4・2㎝のずんぐり体型ですが、中につるんと入っちゃうのは、滑らかな質感のおかげかな。凹凸はないけど、そのかわり振動はパワフル。**だから手でバイブを動かすより、腰を動かしたくなります。**そのリズムに合わせてバイブを奥まで突き刺すと、ほどなく絶頂が……。ゆるく動いていた腰が突然反って、内腿がちょっとつりそうなぐらいに張って、カラダの真ん中にしびれるような快感が走るの。息を吐いて脱力したら、おもちゃ遊びの終了。しばらく余韻に浸るのが、桃子の日課です。

桃子の満足指数

総合	●●●○○
大きさ	●●●○○
形	●●●●○
感触	●●●●○
動き	●●●○○
使いやすさ	●●●○○

桃子の
バイブ
相談室

ブログ『桃子のおもちゃDIARY～今夜、コレを試します～』には、読者のみなさまからバイブに関する疑問や質問、悩み相談などが多く寄せられます。ここでは、特に多かった質問に対して、桃子が持てるかぎりの知識でアドバイス！ 悩みを解消し、バイブ選びの参考にしてみてね。

Q バイブはどこで買えばいいんですか？

A 桃子はネットショッピングしています。手軽で安心、試してみる価値アリです！

桃子はもっぱらオンライン上のショップで購入しています。いつも大量に買うので、自宅に届けてもらうのが楽チンなの。桃子はひとり暮らしだからなにも心配がないけど、家族と同居している人だとそうはいきませんよね。でも安心して！　多くのネットショップはユーザーが不安に思うことをすべて取り除いてくれています。

- 代金引換もＯＫ……クレジットカードに記録が残るのはちょっと困るな、という人には安心ですよね。
- 配送業者、お届けの時間帯を指定できます……自分が不在のときに家族が受け取っちゃって箱を開けてアラびっくり！って事態を避けられます。
- 商品の内容を指定できます……荷物の内容を記す欄に「バイブ」なんて書かれることは絶対にありません。「ＰＣ部品」「キッチン用品」「ファッション小物」など、家族にあやしまれないものを指定すれば心配ナシ。

●それでも心配なら局留めを……郵便局まで出向いて自分の手で受け取ることもできます。

だから怖がらずに、まずは一度、買ってみてください。案外簡単なので、拍子抜けしちゃうかも！

お買い物の際に気をつけたいのは値段。ショップによって、かなりの差があります。いろいろ見比べて安全&リーズナブルにお買い物をしてくださいね。

「pop life department. m's」
http://www.ms-online.co.jp/
明るい印象のページで快適にショッピングできます。「サイズ別」「タイプ別（パール入りや、防水タイプなど）」とカテゴリー分けされているので、目当ての1本を見つけやすい！

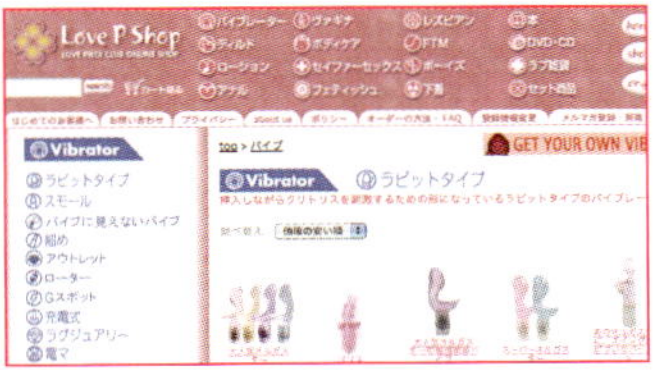

「ラブピースクラブ」
http://www.lovepiececlub.com/
女性だけで運営するアダルトグッズショップ。商品について「さわり心地：堅い」「硬さ：芯があり、外側は皮のようにプニプニしている」のように細やかに説明されているのがうれしい。

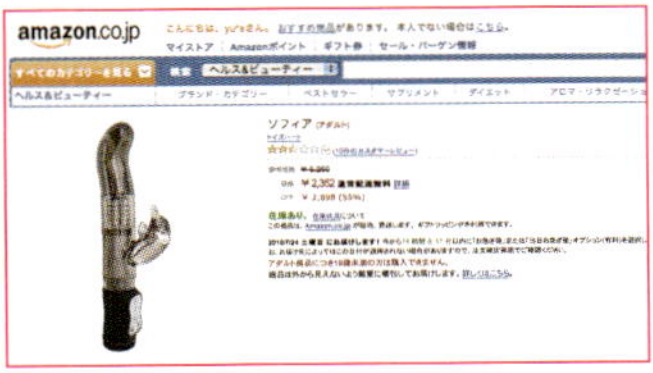

「amazon.co.jp」
http://www.amazon.co.jp/
ビギナーちゃんに特におすすめ。"ヘルス&ビューティー"のカテゴリーにはバイブやローターなどおもちゃがいっぱい！ なじみのあるあのボックスで届くなら、抵抗が少ないはず。

Q アダルトショップに行ったことはありますか？

A 初めて行きました！ すごく楽しくて、クセになりそうです。

路地裏にあって、ケバケバしいネオンに彩られたアヤシイところ——アダルトショップって、そんなイメージがありました。その先入観を思いっきり打ち砕いてくれたのが、今回初めて潜入したアダルトショップ「pop life department. m's 秋葉原店」です。

東京・秋葉原駅近くに位置し、地下1階〜地上7階建てで、まさに"デパート"。そして店内が明るくて清潔なんです。そのせいか、若いカップルの姿もちらほら……。ああ、桃子もいつかカレシとショッピングしたいなぁ。

バイブがあるのは、3階の売り場。360度どこを見回してもオモチャオモチャオモチャで、桃子の目には宝石箱を引っくり返したように映ります。バイブやローター、電マはもちろん、ローション、コンドーム、SMグッズまで、セックスやひとりHに関わるすべての商品

見わたす限りオトナのおもちゃで、目移りしちゃう！

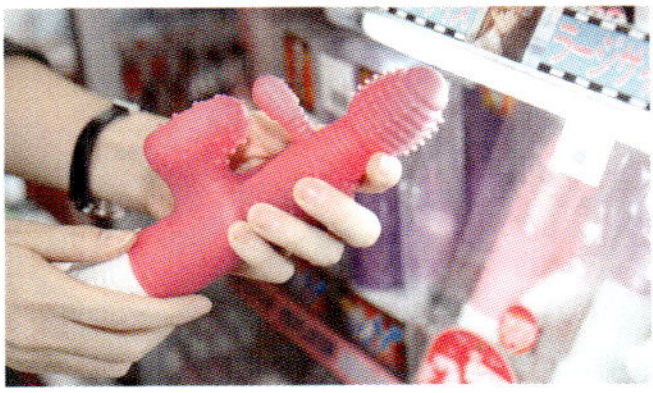

ファンタンゴ②（45ページ）を見つけて
手に取る桃子

ボタンを押すとバイブがくねくね動きだす

が所狭しとディスプレーされているの。その数の多さに桃子、すっかり圧倒されてしまいました。

サンプルが用意されているバイブもあるので、大きさや肌触りなどを確かめてから購入できるのが、最大のメリットですよね。桃子も夢中になって、あれこれと品定めしました。実際に手に取って選ぶのが、自分にぴったりの1本と出会う近道。バイブに興味があるなら、一度はショップに行かれることをおすすめします！

実際にバイブのスイッチを入れて、
動きを確認できるコーナーも！

バイブ遊びの必需品、
ローションもいろんな種類を用意

pop life department. m's

pop life department. m's 秋葉原店
住所／東京都千代田区外神田 1-15-13
電話／03-3252-6166
営業時間／10:00～23:00

Q バイブを使うと、アソコがかゆくなるんです……。

A まずは安全な素材選び！ そして、お手入れを忘れずに。

バイブのパッケージには必ずといっていいほど「これはジョーク商品です」とことわり書きがあります。〝これを使ってなにかトラブルが起きても知りませんよ〟という意味なんですね。無責任だとは思うけど、女の子にとってもっとも繊細な部分に挿入するものなんだから、自分で自分を守らなきゃダメ。カノジョにバイブを使いたいという男性陣も、覚えておいてくださいね。

●安全な素材を選ぶ

肌触りや質感にこだわるのと同時に気をつけたいのが、素材の安全性。デリケートな粘膜に、直接触れるものだもん。肌が弱い女の子だと、かぶれたり、かゆくなったりするものもなかにはあるんです。

代表的な素材から挙げると、エラストマーとシリコンは安全性が高め。医療用に開発されたものだと、さらに◎です※。一方、ラテックスや塩化ビニールは要注意！

肌のトラブルを避けるために、必ずバイブにコンドームをかぶせて使ってください。

でも困ったことに、パッケージに素材についての表記がないことが多いんです。まぁ、いい素材じゃないから表記できないんでしょうけど。こうしたものはコンドームを使ったほうが無難。ショッピングサイトによっては、商品説明に〝コンドーム使用推奨〟と書き添えているところもあるので、参考にしてみるといいですよ。
※人によってはアレルギー反応を起こす場合もあります。

●洗浄&除菌を念入りに！

セックスでもお互い不潔な状態で挿入すると、病気やトラブルの原因になるでしょ。バイブも同じ。どんなに安全な素材でも、清潔にしてこそ安心して遊べるのです。

桃子は使用前にまず、台所用洗剤でよく洗います。コントローラーに水がかからないようタオルを巻きつけますが、防水タイプのバイブならじゃばじゃば水洗いできて、ほんとうに便利。タオルドライした後は「アダルトグッズクリーナー」の出番です。緑茶エキス配合のアルコールジェルで、除菌するの。ジェルを手でバイブに塗りつけ、乾くのを待つだけだから、どんな面倒くさがり屋さんでもできちゃいますよね。

「アダルトグッズクリーナー」

Q バイブ以外のおもちゃは試さないんですか？

A ローターは日常的に使っていますディルドも試したことありますよ。

ひと口に〝オトナのおもちゃ〟と言っても、バイブだけではありません。女の子が使うものであれば、ローターやディルドがありますよね。どちらも実にたくさんの商品があるので、いろいろ試していくのもおもしろそう！　自分に合うものが見つかるといいですね。

●ローター

ひとりでするときは、中は触らずにクリでイケば満足――そんな女の子って多いですよね。指だけの刺激に物足りなくなったら、ぜひローターを試してみて。エクスタシーがより深くなるから、ひとつは持っておきたいものです。

桃子の場合、クリバイブが付いていない〝1本タイプ〟のバイブを使うときに、ローターを手にします。挿入の前に、たっぷり濡らしたいもん。愛用しているのは「ロケッツ」。クロム製のクールな

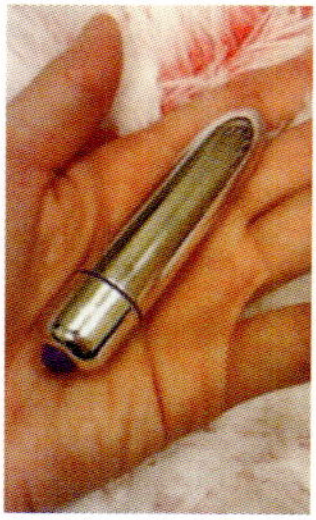

「ロケッツ」

ルックスは、さすがイギリス製です。先がツンと尖っているので、クリトリスのいちばん敏感なところをピンポイントで狙えるのが、お気に入りの理由。いつもベッドサイドに置いているから、バイブを使わない夜もついつい手がのびちゃうの。

家族やカレシにバレるのが心配なら、「ラブボム」のように一見、ローターとはわからないデザインのものはいかがでしょう。振動するだけで構造が単純だからか、ローターにはかわいくてユニークなものがたくさんあります。雑貨感覚でアレコレ選べますよ。

「ラブボム」

●ディルド

中の快感が欲しい！という女の子はディルドをどうぞ。ディルドとは〝張り型〟。ペニスを模したもので、挿入を目的としています。サイズは多種多様で、形はペニスをリアルに再現したハードなものが主流ですよね。でもなかには「ラブアームス」のようにソフトなものもあります。〝超人肌デイジー〟という特殊な素材でできていて、触れた感じはまるでフニャったペニス！　スベスベしていて、いつまでも触っていたくなる心地よさです。大きさもペニスに近いので、ディルド・デビューにはもってこいですね。

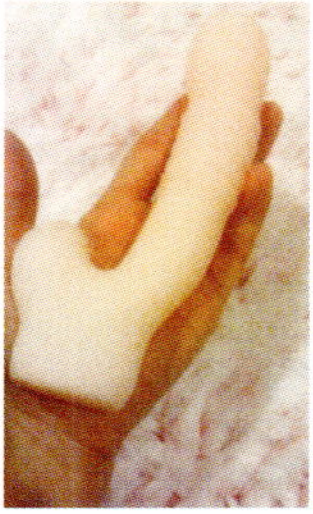
「ラブアームス」

Q 日本のバイブと海外のバイブ、どちらがいいですか？

A どちらも好きですよ。オシャレなヨーロッパ製はもっと集めたい！

人の住むところに欲望あり！　桃子が試したなかにもいろんな国のバイブがありますが、日本のバイブは数、種類ともに群を抜いています。まさにバイブ大国。そんな国に生まれて、桃子は幸せです♥

アメリカやヨーロッパのバイブは、デザインが好き。スウェーデンの「ＩＲＩＳ」（70ページ）、オランダの「ルールルー」（75ページ）なんて、雑貨ショップで売っていても違和感のないかわいさです。アチラのものは日本の女の子のサイズに合わないのでは？と心配な方もいると思いますが、それはまったくの誤解。「オルガスティック」（114ページ）のように細身のバイブもあるから。〝大きければイイってものじゃない〟っていうのは、全世界の女性の共通認識なのかも。さらに欧米製はシリコンやエラストマーなど、安全な素材を使用したものが多く、なおかつパッケージに素材を明記してあります。これは日本のメーカーさんにも、ぜひ見習ってほしいと思います。

バイブデータ69

①商品名
②最大直径×本体の長さ
③挿入部の長さ
④素材
⑤バッテリー
⑥生産国 ※原産は異なる場合あり
⑦メーカー
⑧防水
⑨バイブレーション
⑩スイング

P18／01

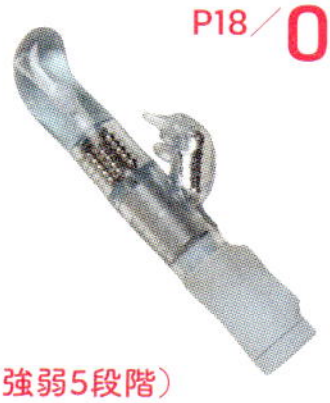

①ソフィア
②3cm×22.5cm
③11cm
④－
⑤単4電池×3本
⑥日本
⑦トイズハート
⑧○
⑨○（強弱調節）
⑩○（パール回転／強弱5段階）

P20／02

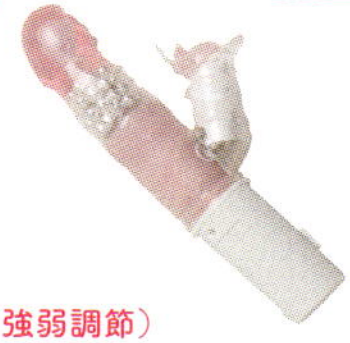

①天まで昇れ!（玉宝入り）
②3.4cm×19.5cm
③12.8cm
④－
⑤単4電池×3本
⑥日本
⑦ワールド工芸
⑧×
⑨○（強弱調節）
⑩○（パール回転／強弱調節）

P22／03

①GODDESS SELFISH
②2cm×16.5cm
③4.5cm
④人工ラテックス
（アタッチメント）
⑤単5電池×2本
⑥日本
⑦エースゼロワン
⑧○
⑨7パターン ⑩×

P24／04

①一本多助
②3cm×21.7cm
③9.5cm
④－
⑤単3電池×3本
⑥日本
⑦日暮里ギフト
⑧×
⑨○（強弱2段階）
⑩2パターン

P25／05

①ビーンズピット
②4.5cm×22.5cm
③18.7cm
④シリコン
⑤単3電池×2本
⑥日本
⑦m's×MANZOKU
⑧×
⑨○（強弱調節）
⑩×

P26／06

①Paw Pit
②4cm×17cm
③12.8cm
④－
⑤単3電池×2本
⑥日本
⑦m's×MANZOKU
⑧○
⑨○（強弱調節）
⑩×

P27／07

①ジーモア
②2.6cm×17cm
③15.4cm
④PVC（塩化ビニール）
⑤単4電池×2本
⑥日本
⑦トイズハート
⑧○
⑨○（強弱調節）
⑩×

P28／08

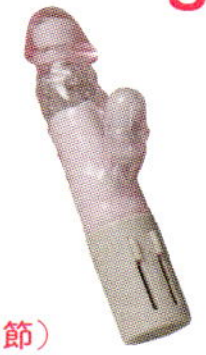

①サイレントポコチン君4号
②3.2cm×16.8cm
③8.2cm
④－
⑤単4電池×3本
⑥日本
⑦日暮里ギフト
⑧×
⑨○（強弱調節）
⑩○（パール回転／強弱調節）

P29／09

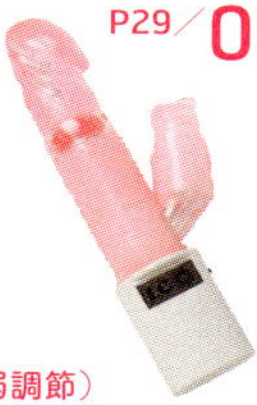

①サンフラワー
②4cm×20.5cm
③10.8cm
④－
⑤単4電池×4本
⑥日本
⑦－
⑧×
⑨○（強弱調節）
⑩○（パール回転／強弱調節）

P36／**10**

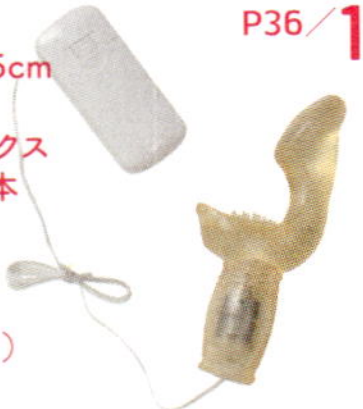

①オルガスター
②2.5cm×13.5cm
③6.6cm
④石油系ラテックス
⑤単3電池×2本
⑥日本
⑦－
⑧×
⑨○（強弱調節）
⑩×

P36／**11**

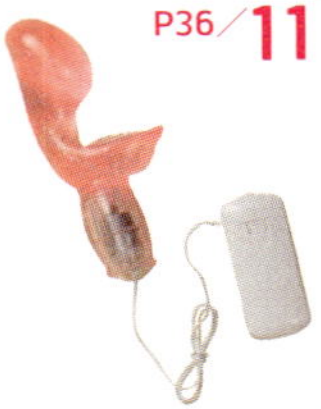

①オルガスター・ビッグ
②3.7cm×15.5cm
③7.8cm
④エラストマー
⑤単3電池×2本
⑥日本
⑦－
⑧×
⑨○（強弱調節）
⑩×

P36／**12**

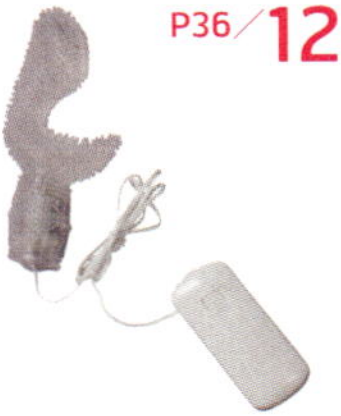

①オルガスター・アイ
②3.2cm×13.3cm
③7cm
④エラストマー
⑤単3電池×2本
⑥日本
⑦－
⑧×
⑨○（強弱調節）
⑩×

P38／**13**

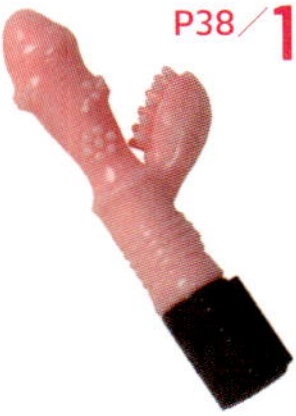

①マタドールα
②3.8cm×24cm
③10.3cm
④シリコン樹脂
⑤単3電池×3本
⑥日本
⑦－
⑧×
⑨○（強弱調節）
⑩○（強弱調節）

P40／**14**

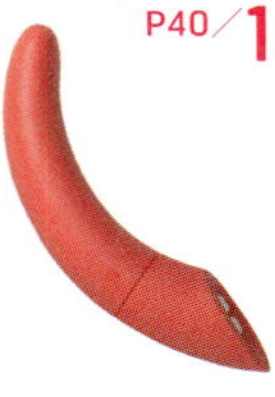

①カーブドバイブ
②3.5cm×20cm
③15cm
④－
⑤単4電池×2本
⑥日本
⑦－
⑧×
⑨○（強弱4段階）
⑩×

P41／**15**

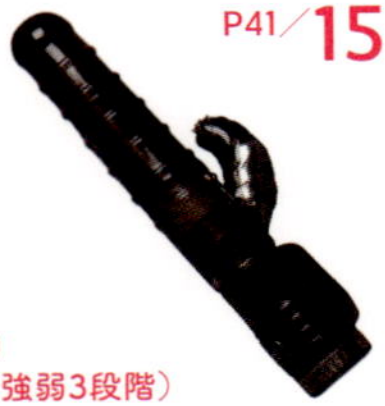

①クリンビー
②4cm×24.5cm
③13cm
④－
⑤単3電池×3本
⑥日本
⑦トイズハート
⑧○
⑨○（強弱3段階）
⑩○（左右切替／強弱3段階）

P42／**16**

①Jack in KATANA
＋テンピット2
②3cm×12.4cm
③7.5cm
④ABS樹脂
⑤単4電池×3本
⑥日本
⑦トイズハート
⑧○
⑨10パターン　⑩×

P43／**17**

①波動バイブ UNERI 転
②4cm×22.8cm
③12.5cm
④－
⑤単4電池×4本
⑥日本
⑦－
⑧×
⑨○（強弱2段階）
⑩○（パール回転／強弱2段階）

P44／**18**

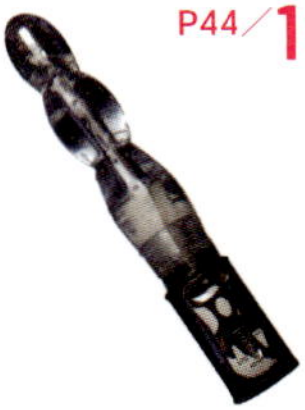

①クロス
②4cm×27cm
③19.5cm
④シリコン
⑤単3電池×4本
⑥日本
⑦トイズハート
⑧×
⑨7パターン
⑩○（強弱5段階）

P45／**19**

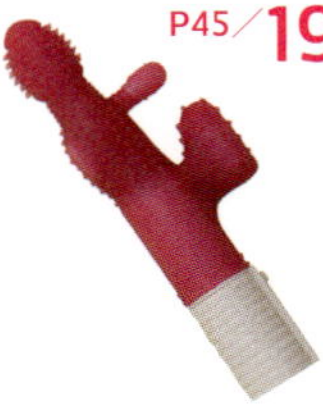

①ファンタンゴ②
②3.6cm×23.6cm
③10.8cm
④－
⑤単3電池×3本
⑥日本
⑦日暮里ギフト
⑧×
⑨○（強弱調節）
⑩○（強弱3段階）

P52／20

①Sur-Vib
②4.2cm×27cm
③14.3cm
④－
⑤単3電池×4本
⑥日本
⑦m's×MANZOKU
⑧○
⑨○（強弱3段階）
⑩2パターン（ウェイブアクション）

P54／21

①ポリネシアンSEX
②4cm×16cm
③9.5cm
④－
⑤単4電池×4本
⑥日本
⑦ワールド工芸
⑧×
⑨○（強弱調節）
⑩×

P56／22

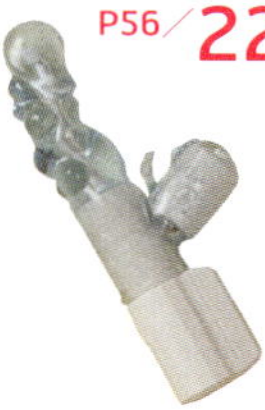

①スーパーミクティM18
②3.8cm×22.5cm
③11.8cm
④エラストマー
⑤単4電池×4本
⑥日本
⑦ワールド工芸
⑧×
⑨○（強弱調節）
⑩○（強弱調節）

P58／23

①パッションプローブ・パープル
②4cm×20cm
③16cm
④－
⑤単2電池×2本
⑥アメリカ
⑦カリフォルニア・
エキゾチック・ノベルティーズ
⑧○
⑨○（強弱調節）　⑩×

P59／24

①ツインタービン
②4cm×24cm
③12cm
④合成ゴム
⑤単3電池×4本
⑥日本
⑦トイズハート
⑧×
⑨7パターン
⑩○（強弱6段階）

P60／25

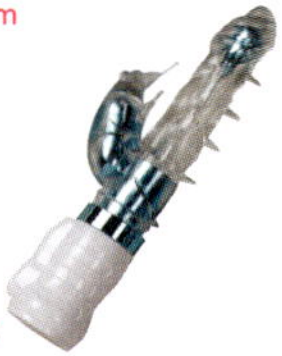

①クリステル シーズン2
②3.7cm×26.5cm
③12.2cm
④エラストマー
⑤単3電池×4本
⑥日本
⑦ワールド工芸
⑧×
⑨8パターン
⑩○（強弱5段階）

P61／26

①レディ・ストローカー
②3.8cm×22cm
③16cm
④－
⑤単2電池×4本
⑥日本
⑦トイズハート
⑧×
⑨○（強弱調節）
⑩○（上下ピストン／強弱調節）

P62／27

①ゼブラマン・コキコキ
②5cm×26cm
③12.5cm
④－
⑤単3電池×4本
⑥日本
⑦日暮里ギフト
⑧×
⑨○（強弱調節）
⑩○（上下ピストン／強弱調節）

P63／28

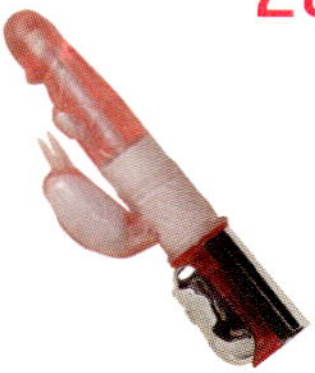

①豪州の星（オージースター）
②3.7cm×25cm
③13cm
④シリコン
⑤単3電池×4本
⑥日本
⑦日暮里ギフト
⑧×
⑨7パターン
⑩8パターン

P70／29

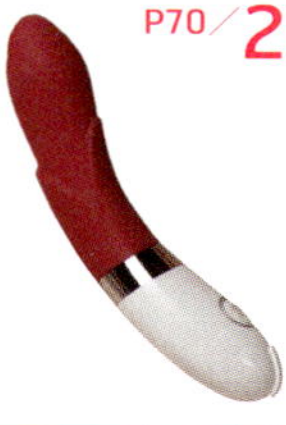

①IRIS
②4.2cm×22cm
③12.8cm
④医療用シリコン
⑤充電式
⑥スウェーデン
⑦LELO
⑧×
⑨5パターン
⑩×

P72／30

①ガラン
②3.5cm×21cm
③14.8cm
④シリコン
⑤単3電池×2本
⑥ドイツ
⑦ファンファクトリー
⑧○
⑨○（強弱調節）
⑩×

P74／31

①ラララ
②3.5cm×16cm
③7cm
④シリコン
⑤単3電池×2本
⑥オーストラリア
⑦－
⑧×
⑨○（強弱調節）
⑩×

P75／32

①ルールー
②3cm×17cm
③5cm
④シリコン
⑤単4電池×2本
⑥オランダ
⑦－
⑧×
⑨○
⑩×

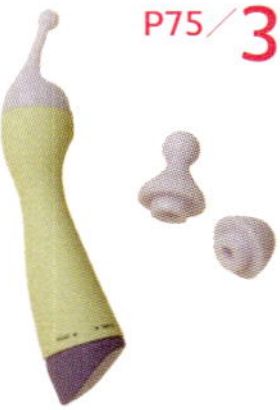

P76／33

①バイブセラピー セリーン
②3.8cm×23.5cm
③16cm
④医療用シリコン
⑤単3電池×2本
⑥アメリカ
⑦－
⑧○
⑨3パターン
⑩×

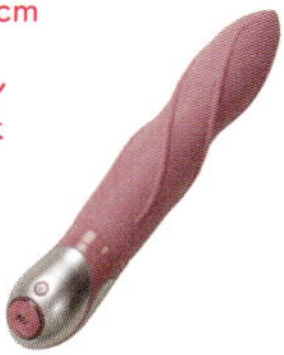

P77／34

①エルドラド
②3.5cm×27cm
③13.5cm
④エラストマー
⑤単3電池×4本
⑥日本
⑦－
⑧×
⑨7パターン
⑩○（パール回転／強弱5段階）

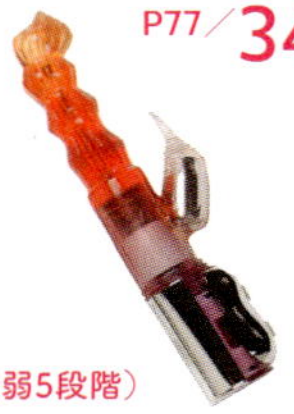

P78／35

①ウーララ! コレクション
②4.5cm×22cm
③11.5cm
④－
⑤9V電池×1個
⑥イギリス
⑦－
⑧×
⑨6パターン
⑩×

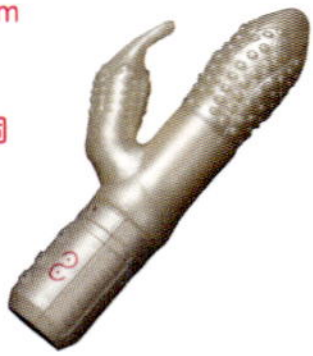

P79／36

①マイティースパロウ
②3.8cm×13cm
③－
④特殊シリコン
⑤LR44電池×4個
⑥日本
⑦日暮里ギフト
⑧○
⑨○
⑩×

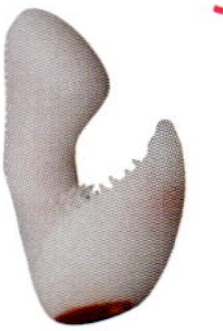

P80／37

①パッションダイヤモンド
②4.2cm×19.4cm
③14.5cm
④－
⑤単4電池×2本
⑥－
⑦－
⑧×
⑨○（強弱調節）
⑩×

P81／38

①メドゥーサ
②4.2cm×19cm
③14cm
④シリコン
⑤充電式
⑥日本
⑦エースゼロワン
⑧×
⑨×
⑩2パターン

P88／39

①クリステル シーズン3
②4.8cm×27.5cm
③14.2cm
④エラストマー
⑤単3電池×4本
⑥日本
⑦ワールド工芸
⑧×
⑨8パターン
⑩○（強弱5段階）

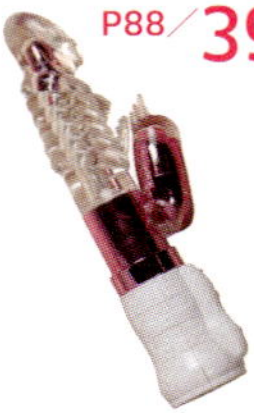

P90／40

①ミスタードリルマン
②2.8cm×23cm
③12.5cm
④－
⑤単3電池×3本
⑥日本
⑦日暮里ギフト
⑧×
⑨○（強弱調節）
⑩○（スクリュー式／左右切替）

P92／41

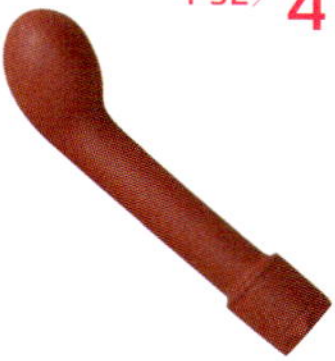

①ライオネスG
②4.6cm×17cm
③13.5cm
④ＡＢＳ樹脂
⑤単3電池×2本
⑥日本
⑦－
⑧×
⑨○
⑩×

P93／42

①ミスターフェンディ
②4cm×25cm
③10.5cm
④エラストマー
⑤単3電池×4本
⑥日本
⑦日暮里ギフト
⑧×
⑨7パターン
⑩8パターン

P94／43

①アクセス
②3.9cm×23.5cm
③16cm
④－
⑤単3電池×4本
⑥日本
⑦トイズハート
⑧×
⑨8パターン
⑩○（パール回転／強弱5段階）

P95／44

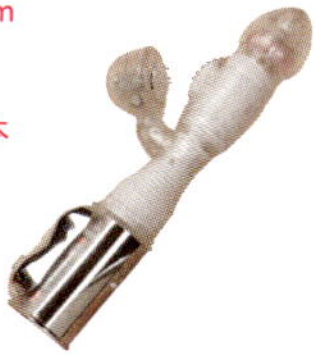

①恋のマラク～ダ
②4cm×23.5cm
③10cm
④－
⑤単4電池×4本
⑥日本
⑦日暮里ギフト
⑧×
⑨7パターン
⑩8パターン

P96／45

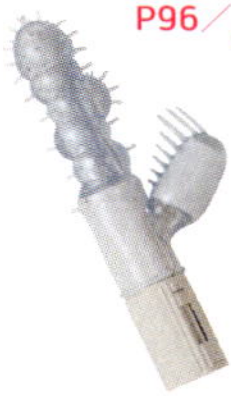

①ジンジン
②4cm×24cm
③12cm
④石油系ラテックス
⑤単3電池×3本
⑥日本
⑦－
⑧×
⑨○（強弱調節）
⑩○（強弱調節）

P97／46

①ラブベリー
②4cm×23.5cm
③17.8cm
④ラテックス
⑤単3電池×2本
⑥中国
⑦PEACHES BRAND
⑧○
⑨○（強弱調節）
⑩×

P104／47

①サイドバイサイド
②3.9cm×23cm
③15cm/8cm
④シリコン
⑤単3電池×3本
⑥－
⑦－
⑧×
⑨○
⑩×

P106／48

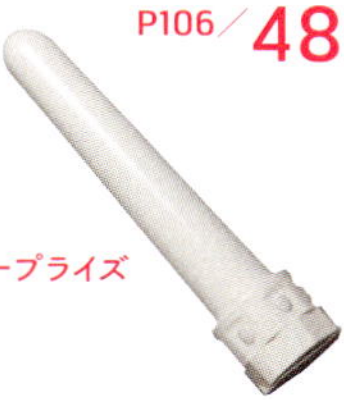

①アースエンジェル
②3.8cm×21.8cm
③17.2cm
④ABS樹脂
⑤充電式（手動）
⑥アイルランド
⑦キャムデン・エンタープライズ
⑧×
⑨○（強弱調節）
⑩×

P108／49

①クリッターフリック
②2.5cm×20cm
③10.8cm
④ビニール
⑤単4電池×3本
⑥アメリカ
⑦－
⑧○
⑨○（強弱3段階）
⑩○（パール回転／左右切替／強弱3段階）

P109／**50**

①Dr.Seki V1
（ドクターセキ・バージョンワン）
②4cm×20.5cm
③9cm
④エラストマー
⑤充電式
⑥日本
⑦日暮里ギフト
⑧○（完全防水）
⑨2パターン　⑩2パターン

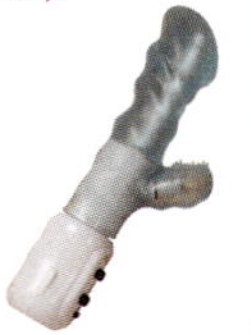

P110／**51**

①スウィートスライド
②3.8cm×20cm
③14cm
④ABS樹脂
⑤単2電池×4本
⑥日本
⑦トイズハート
⑧×
⑨○（強弱調節）
⑩○（パール上下スライド／強弱調節）

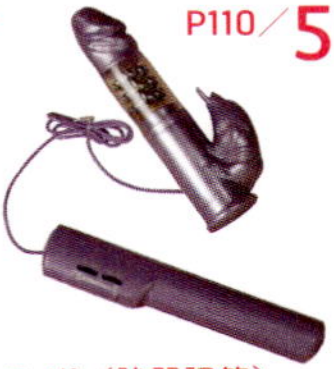

P111／**52**

①キレイキレイ
②3.3cm×21.5cm
③15.5cm
④－
⑤単4電池×4本
⑥日本
⑦ワールド工芸
⑧×
⑨×
⑩○

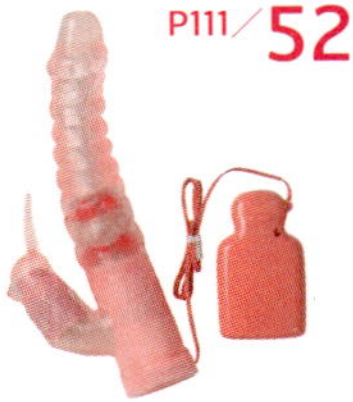

P112／**53**

①レッドドラゴン
②2.5cm×26cm
③15.5cm
④－
⑤単4電池×4本
⑥日本
⑦－
⑧×
⑨10パターン
⑩×

P113／**54**

①リミテッドエディション ラビット
②3.5cm×24cm
③11cm
④エラストマー
⑤単3電池×3本
⑥－
⑦－
⑧○
⑨○（強弱3段階）
⑩○（パール回転／左右切替／強弱3段階）

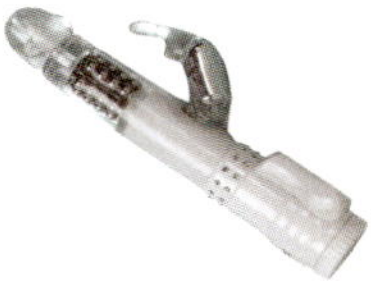

P114／**55**

①オルガスティック
②1.6cm×16cm
③13.5cm
④ABS樹脂
⑤単4電池×2本
⑥アメリカ
⑦－
⑧×
⑨○（強弱調節）
⑩×

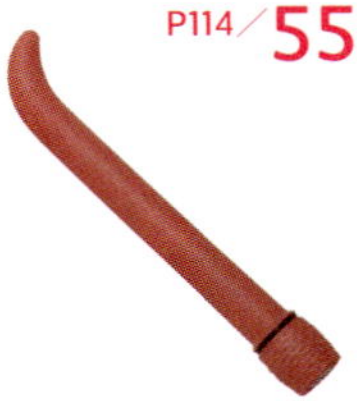

P115／**56**

①サルトリースリム
②2.5cm×21.2cm
③16.5cm
④シリコン
⑤単3電池×2本
⑥日本
⑦日暮里ギフト
⑧○
⑨10パターン
⑩×

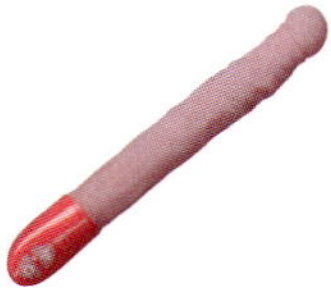

P116／**57**

①Gウェーブ
②4cm×22cm
③15.5cm
④－
⑤単3電池×2本
⑥－
⑦－
⑧×
⑨×
⑩○（パール回転／強弱調節）

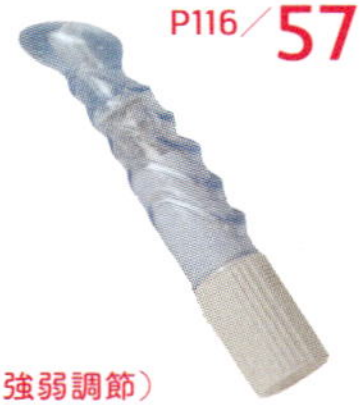

P117／**58**

①ポコポコ7
②4cm×26cm
③14cm
④－
⑤単3電池×4本
⑥－
⑦－
⑧×
⑨7パターン
⑩○（強弱調節）

P124／**59**

①EROTIC LOVERS
②4cm×24cm
③10.7cm
④ゲルトーマ
⑤単3電池×3本
⑥日本
⑦－
⑧×
⑨○（強弱3段階）
⑩○（強弱調節）

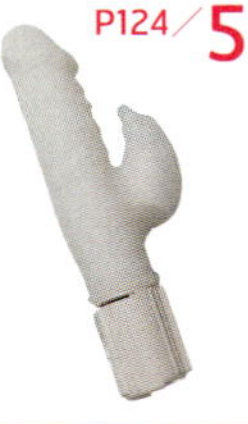

P126／60

①マンドリアン・ドット
②7.5cm×16cm
③8cm
④ー
⑤単3電池×3本
⑥日本
⑦日暮里ギフト
⑧×
⑨○（強弱調節）
⑩×

P128／61

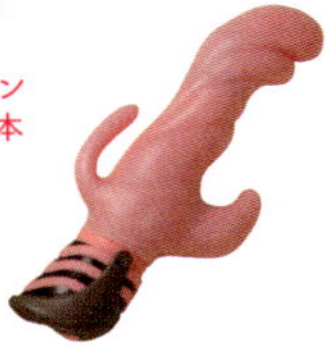

①サイバーナイトムーブ・ピンク
②5cm×21cm
③11cm
④サイバースキン
⑤単4電池×3本
⑥ー
⑦ー
⑧○
⑨7パターン
⑩×

P128／62

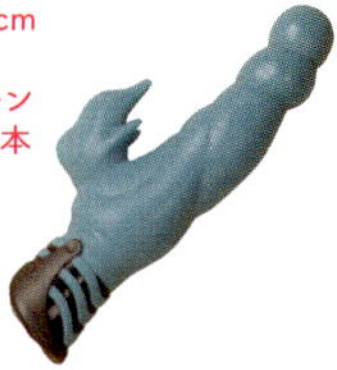

①サイバーナイトムーブ・ブルー
②4cm×22.3cm
③12cm
④サイバースキン
⑤単4電池×3本
⑥ー
⑦ー
⑧○
⑨7パターン
⑩×

P130／63

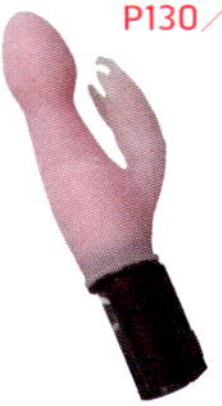

①クリオネ
②3.5cm×20cm
③9.2cm
④医療用シリコン
⑤単4電池×4本
⑥ー
⑦ー
⑧×
⑨○（強弱調節）
⑩○（強弱調節）

P131／64

①クリステル シーズン1
②4cm×26.4cm
③12.5cm
④エラストマー
⑤単3電池×4本
⑥日本
⑦ワールド工芸
⑧×
⑨8パターン
⑩○（強弱5段階）

P132／65

①ラブネーゼ
②3.5cm×24cm
③11cm
④エラストマー
⑤単3電池×4本
⑥日本
⑦ー
⑧×
⑨7パターン
⑩○（強弱6段階）

P133／66

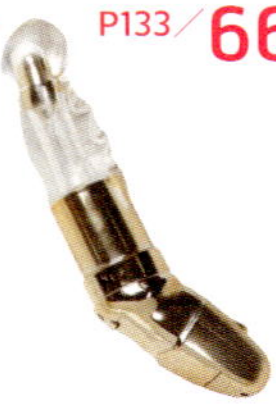

①ワインディングウィドウ
②3.8cm×22cm
③13.5cm
④エラストマー
⑤単4電池×2本
⑥日本
⑦ー
⑧×
⑨×
⑩○（強弱2段階）

P134／67

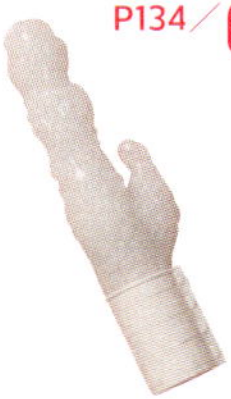

①ラブラブバイブ
②3.5cm×23cm
③10cm
④エラストマー
⑤単3電池×2本
⑥日本
⑦日暮里ギフト
⑧×
⑨○（強弱調節）
⑩○（強弱調節）

P135／68

①バイブラグッチ ラメラ
②3.2cm×22.3cm
③11.5cm
④エラストマー
⑤単4電池×4本
⑥日本
⑦日暮里ギフト
⑧×
⑨7パターン
⑩8パターン

P136／69

①チュービィG
②4.2cm×18cm
③10.5cm
④エラストマー
⑤単3電池×2本
⑥アメリカ
⑦カリフォルニア・
エキゾチック・ノベルティーズ
⑧○
⑨○（強弱3段階）　⑩×

編集者のつぶやき

ある日の撮影風景より、あとがきにかえて。

表紙、そしてページ途中に挿入されているイメージカット、ご覧いただけましたか？ この女性こそ、本書の著者であり、ブログ『桃子のおもちゃDIARY』で夜ごとバイブについてコツコツとつづっている〝桃子さん〟です。

お会いするととてもキレイな方だったので、思わず出演交渉しちゃいました。とはいえ、ふだんはOLさんですし、カレシや家族にも内緒とのことで、全出しはNG。目だけは読者のみなさまのご想像に委ねさせていただきます。あしからず。

撮影は7月某日、都内のスタジオにて。

どこか緊張の面持ちでカメラの前に構える桃子さん。なんとか自然な笑顔を引きだそうと、軽く雑談をしながら撮影を進めました。

バイブを手に持ってパシャリ。バイブを腿にのせてパシャリ。マニキュアを塗りながら、携帯をいじりながら、バイブをなるべく日常の風景に溶けこませていきます。

この本が目指すべくは、ずばり、バイブをオシャレに見せること！　桃子さんのブログでは、バイブちゃんたちがすごくかわいく登場しているのです。書籍化にあたっても、そこは絶対にゆずれない、最大のテーマでした。

でもさすがは桃子さんです。バイブとの戯れ方が実に自然で、本当に日常を切り取ったみたい。好きな映画、好きなコスメに対するのと同じように、大好きなバイブと遊んでいる桃子さん。彼女自身がバイブに対して変な背徳感を持っていないおかげで、ブログも多くの人に愛されてきたのだろうな、とあらためて実感しました。


この日からさかのぼること数日前、バイブのみの撮影も行いました。

本書に登場する69本（+α）をズラっと並べていざ撮影スタート！　うーん、これだけ並ぶとさすがに圧巻です。

意外とかわいいものが多いことにもびっくりでしたが、ギョッとするほど大きいものや、「これどう使うの？」と疑問符だらけにおちいるものなど、桃子さんのコレクター魂にも平伏。この日までバイブを手にするのはおろか、生で見たことは一度もなかった私（写真ですらないかも？）、衝撃の初体験となりました。きゃー。

なにはともあれ、無事撮影を終えた桃子さんとバイブちゃんたち。「わが子の晴れ舞台」と表現した桃子さんの言葉がなんとも印象的で、「よし、いい本にするからね！」

と私まで親心を駆り立てられたのでした。

＊　＊　＊

女だってひとりでしたい――そんなあたり前のことが、なぜこれまで大きく語られなかったのでしょう。男は許されて女はタブーだなんて、ズルいと思いませんか？

この本は、ふつうに恋愛をし、ふつうに会社勤めをし、ふつうに暮らしている、ごくごくふつうの女の子の、〝性〟に対する生の声をおさめたものです。バイブをコレクションし、その使用感をレポートするなんて突飛な発想と思うかもしれませんが、ここに語られているのは多くの女性が共感し、感心し、ときに気づかされ、納得させられる、そんな決して特別ではない、女の子の〝リアル〟なおはなし。もちろん、単純にバイブカタログとして参考にされても、ちょっとエロい目線で読まれても、十分楽しめる内容を目指しましたが、その部分を少し気にかけて読んでいただけましたら、女性編集者として、この本を作った甲斐があったってもんです。

２０１０年８月　編集Ｆ

［著者］
桃子

20代のOL。

国内外のバイブレーターを広くコレクションし、そのすべてを試して感想を
ブログ「桃子のおもちゃDIARY ～今夜、コレを試します～」

（http://blog.livedoor.jp/momoco_omocha/）につづる。

2010年8月現在で所有するバイブレーターは100本を超す。

今後さらに増える予定!?

［撮影］
Tokumasu Junichiro（人物）
皆藤健治（140ページ）

［ヘアメイク］
碩 千尋

［ブックデザイン］
小口翔平（FUKUDA DESIGN）

［企画協力］
三浦ゆえ

［編集］
藤本淳子／小宮亜里

［編集補助］
下村千秋／柴田みどり

［協力］
〈pop life department. m's〉http://www.ms-online.co.jp/
〈トイズハート〉http://www.xenkyo-han.co.jp/pc_index.html
〈ワールド工芸〉http://www.fuji-world.jp/

［SPECIAL THANKS］
いつもブログを読んでくださっているみなさま

今夜、コレを試します

～OL桃子のオモチャ日記～

2010年9月7日　初版第一刷発行

［著者］

桃子

［発行者］

木谷仁哉

［発行所］

株式会社ブックマン社

〒101-0065 千代田区西神田3-3-5

TEL 03-3237-7777

FAX 03-5226-9599

http://www.bookman.co.jp/

ISBN 978-4-89308-741-6

［印刷・製本］

凸版印刷株式会社